普天之下・盡是好書
普天出版家族
Popular Press Family
凌雲文創
A-Plus Creative Company

相信自己，才能把潛力變實力

可以輸給別人，不能輸給自己

The Only Enemy is Yourself

自信自在篇

德國作家赫曼·赫塞說：「有一天，當你發現自己的境遇都是自己造成的，而非源於意外、時間或命運那是多麼悲哀的事。」
確實，很多人失敗，通常是輸給自己，而不是輸給別人，想要活得自信自在，就必須先學會檢視自己，戰勝本身的消極、怯懦、怠惰……等等缺點，才能以樂觀積極的態度面對詭譎多變的人生，千萬不要忘記只有你才是自己最親密的敵人。

王 渡 —— 編著

• 出版序 •

可以輸給別人，不能輸給自己

很多時候，我們是因為害怕聽到別人的「不」，所以自己先對自己說「不」，不給你機會的，其實一直都是你自己。

英國文豪莎士比亞曾經在著作中說過一段話：「假使我們將自己比做泥土，那就真要成為別人踐踏的東西。」

其實，別人認爲你是哪一種人並不是那麼重要，重要的是，你如何看待自己；就算別人都不看好你，甚至瞧不起你，也沒什麼大不了，重點在於，面對別人冷言冷語譏諷之前，你是不是對自己缺乏信心，輕易就被擊倒了？

不怕別人瞧不起，就怕自己不爭氣！

很多人失敗，並不是眞的欠缺能力，而是輸在自己脆弱的心理。想要成功，必須先學會激勵自己，客觀地評估自己，千萬不要因爲別人的負面言語就蒙上心理陰影，如此才能充滿信心面對詭譎多變的人生。

在這個壞事連連的年代，每個人都會碰到失敗、挫折和打擊，連股神巴菲特、世界首富比爾蓋茲也不例外。

萬一不幸又遇到全球性的經濟風暴，失敗、挫折之後，即將面臨的生活壓力更如排山倒海而來，於是我們看到有的人一蹶不振，成天哀聲嘆氣，怪環境，怪景氣，怪鄰居……就是不敢面對自己。

沒有一個人願意遭遇挫折，但是卻也沒有人可以從不遇到挫折。既然無法逃避，那就挺身相迎，和挫折一較高下吧！那些成功的人，有誰不是這樣過來的呢？

前NBA超級明星球員麥可．喬登曾叱吒風雲，揚威體壇；無數的球迷因他

而瘋狂，他的一舉一動是許多年輕人仿效的目標。

但是，他並不是天生的籃球員，如果不是他有著堅定的意志力，世界的體育史上也許就會少了這麼一位英雄。

麥可．喬登就讀北卡羅萊納州威明頓中學高二時，對籃球產生莫大的興趣，每天球不離手，傾盡全力地增強自己的球技。

就在學校選拔籃球校隊時，喬登自信滿滿地去報考，但幾天後，他發現自己的名字並不在體育館張貼的名單上。

「我簡直不敢相信自己的眼睛，我不停地看，以爲這樣我的名字就會出現在上面，但是並沒有。」他說。

那一整天他都失魂落魄，連自己怎麼回到家的都不知道。進了家門，他把房門關上，嚎啕大哭一場；當他把這件傷心的事告訴母親時，淚水又忍不住奪眶而出。

只是，他並沒有一蹶不振，哭過之後，他擦乾淚水，堅定的對自己說：「我不要讓自己再有這種感覺。」

從那天起，喬登更加勤奮的鍛鍊自己的球技，發誓以籃球爲他的終身志業，而且他不想讓自己再度承受失敗的痛苦。

在這股神奇的念力支撐下，短短幾個月裡，他從五呎十寸長到六呎二寸，身高拉長了，動作卻依然靈巧。

第二年，他終於順利進入校隊，世界的籃球史註定要在一段時間之後以他爲中心，展開嶄新的一頁。

愛爾蘭作家克里斯蒂．布朗曾說：「如果你因為別人的批評、輕視，就自暴自棄，那麼你將永遠站在失敗的這一邊。」

日常生活中，我們最常犯的錯誤，就是太在意別人的看法，拿別人的批評、觀感來懲罰自己，久而久之，不但活在困惑、苦惱之中，也使得自己變得越來越缺乏自信。

別人的批評不見得正確，千萬不要因爲別人的眼光，陷入自卑、徬徨、焦躁、

迷惘、盲從之中。

事實上，好事或壞事，並不是由事情本身決定，而是取決於我們觀看的角度。用正面的角度解讀，再糟糕的壞事也會有積極的意義；如果一味用負面的角度看事物，讓你煩憂不已的壞事只會變得更壞。

有一名推銷員屢次去拜訪一位客戶，跑了好幾趟，這位難纏的客人始終不肯點頭。有人問推銷員：「他一直不肯答應，不就表示他沒興趣嗎？你爲什麼還不放棄，把握時間去拜訪其他客戶呢？」

這個推銷員緩緩地說：「因爲他還沒有說『不』。」

通常，我們遭遇到的挫折，其實都只不過是一種考驗，既然生命還沒對你說「不」，你又何必未戰先降呢？

很多時候，我們是因爲害怕聽到別人的「不」，所以先對自己說「不」，不給你機會的，其實一直都是你自己。

PART—1 改變別人，不如改變自己

你不能左右別人的想法，只能調整自己的心態。「責任」並不等於「責怪」，你用不著為過錯責怪自己，但卻必須承擔起自己的責任。

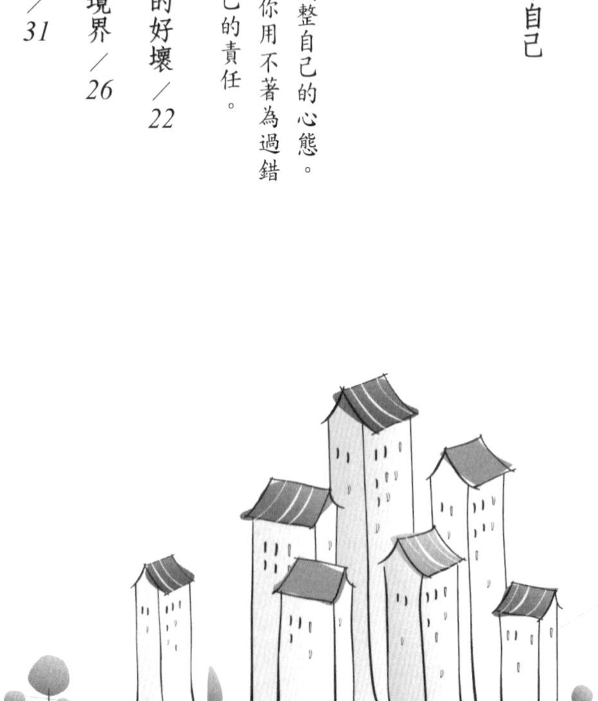

PART—2

有實力，才有好運氣

雖然成功有時候也會受到運氣的影響，但是運氣不可能平白從天上掉下來，而是在累積一定的實力之後才會降臨在努力的人身上。

PART—3

壞事，來自負面的自我暗示

你相信什麼，你就會得到什麼，把你的心理暗示，用在正面的地方吧！

PART—4

自己的未來，只有自己可以安排

在我們判斷一個人的所作所為時，應該謹慎，不要使用負面的言語。讚美和肯定，是讓人成長的養分。

PART—5

沉得住氣 才能挑對時機

沒有經過時間考驗，再怎麼精明能幹的人也可能會看走眼；只有平心靜氣地等待，才能日久見人心；只有經過光陰歲月的沉澱，才能過濾掉殘渣，留下精華。

PART—6

沒有起步，就不會有進步

許多人拒絕進步，總是用盡各種藉口，連「起步」的機會都沒有了，更遑論「進步」？

PART—7

別讓不如意干擾情緒

當天不從人願的情形發生時，就不應該把這種情形稱作失敗，只有當自己放棄的時候，才叫做真正的失敗。

PART—8

換個角度，就會更加突出

樂觀的人，可以在每個憂患中看到機會；但悲觀的人，卻只能在每個機會中只看到憂患。

PART—9

困難，都是自己想像出來的

如果你只會在一旁空想，那麼這個世界將會是個被重重「困難」包圍的可怕環境，而你永遠也無法破除困難，往前再進一步！

PART—10

自以為是，會妨礙你的前途

每個人都有不同的優點和特質，學著看對方的優點，總比心高氣傲，為自己樹立更多敵人要來得有建設性！

PART—11

節制，是邁向成功的第一步

如果你想成功，就必須懂得控制自己、懂得抗拒誘惑，那麼你才能循著自己的目標，獲得理想的成果。

PART—12

賭氣只會和自己過不去

趕走你機會的，通常都是你自己的個性，都是為了你的一口氣。一時任性所要付出的代價，或許是你一生的機運。

1
PART

改變別人，不如改變自己

你不能左右別人的想法，
只能調整自己的心態。
「責任」並不等於「責怪」，
你用不著為過錯責怪自己，
但卻必須承擔起自己的責任。

改變看法，就能改變事情的好壞

如果你把過錯全都推到社會或別人身上，老是埋怨自己諸事不順、懷才不遇，那麼你又怎麼會虛心改變自己？

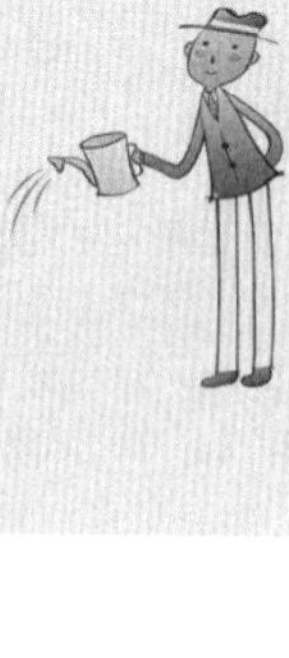

心理學家威廉·詹姆斯曾經寫道：「史上最偉大的發現就是：一件事情的好壞，可以藉由改變自己的應對態度來決定。」

這是因爲，所謂的「好事」或「壞事」並不是由事情的本身來決定，而是由我們用什麼角度看待來決定，只要懂得用不同的角度來看事情，我們就會恍然發現，原來挫折也可以變轉折，我們避之唯恐不及的「壞事」，也可能變成我們求之不得的「好事」。

每個人在奮鬥的過程中，必定會遇到一些瓶頸，有的人終究可以發現自己的問題所在，有的人卻一味的責怪大環境，特別對自己本身的不足渾然無所覺，或不想補強。下面這則故事將要告訴你，如何找出問題根源，衝破瓶頸，開創一片屬於自己的天空。

有一位香皂推銷員，在剛開始接觸這份工作時，接到的訂單很少，每個月的收入也十分有限。因此，他時常擔心會因表現不好而失業，這樣的危機意識促使他極想在短期內進步。

他相信公司的產品和價格都沒有問題，如此一來，問題應該是出在自己身上，如果別人可以把產品賣得很好，自己爲什麼做不到呢？每次被客戶拒絕，他都會仔細回想自己有什麼地方做得不對，是不是表達得不夠具有說服力？還是自己所展現的熱忱不足？或是自己無法滿足客戶的需求？

每次失敗後，他都會徹底檢討自己，以作爲改進的方針。遭受到莫名其妙的

拒絕時，他也不會就此罷休，他會不死心地折回去，詢問那個拒絕他的店家：「我不是回來要您買香皀的，我只是希望能得到您的意見與指導。請告訴我，我剛才什麼地方做得不夠好？或是有哪裡做錯了？您在社會上的經驗比我豐富，事業又成功，請直接給我一點意見，不必有任何保留。」

就是這種認眞的態度，在往後的事業生涯中，爲他贏得許多寶貴的友誼和誠懇的忠告。這樣不恥下問又精益求精的人才，怎麼可能會被埋沒呢？想知道他後來的發展嗎？

這個香皀推銷員經過多年努力，後來晉升爲寶潔公司的總裁，掌管全球最大的清潔用品公司。

莎士比亞曾說：「事情本無好壞，一切全看你的想法。」

世界上沒有絕對的好事，也沒有絕對的壞事，發生在你身上的「壞事」，假如你試著用正面積極的態度看待，就可能是一件「好事」。

世事萬物都是客觀存在的，已經發生的事情或許無法改變，但是你可以運用正面的能量，改變事情發展的方向。只要適時調整對事情的看法，即使原來讓你懊惱不已的「壞事」，也可能會變成「好事」。

想要過得更好，唯一的方法就是讓今天的自己比昨天更進步。

如果你一味把過錯、挫折、失敗全都推到社會、景氣或別人身上，老是埋怨自己諸事不順、懷才不遇，那麼你又怎麼會虛心改變自己？今天怎麼可能比昨天更進步呢？

「承認自己還不夠好」，是你追求成長的第一步，只有找出自己還不夠好的地方，你才能找到問題的源頭，徹底改變。

人才也許會一時被冰凍，但不會永遠寂寞。

倒著看世界，會有一番新境界

同一個關卡，你無法正向跨過，那麼為什麼不倒著試試看呢？倒著看世界，也許會有另一番境界。

懂得認眞生活、活在當下的人，生命過程時時充滿驚艷。

人陷入困境的時候，往往會對未來感到茫然悲觀，但是，假如願意調整心態和視野，客觀看待自己，不再因爲閒言閒語而灰心沮喪，那麼就能迎來希望的曙光，扭轉自己的的未來。

一個強調汽車性能的廣告中，前面每一部車子開進一條死巷子之後，無不倒車轉向，只有最後一部車子，進入死巷卻一直沒有出來，原來，它翻越了擋在前面的高牆。

不要擔心自己不夠好，也不要害怕別人會對自己發出噓聲。過度焦慮只會影響你的臨場表現，發揮不出原有的實力。

如果此路不通，那就想辦法跨過去；人生的路途中有太多的死巷，你已經準備好要跨越了嗎？

校園裡，有一群學生正在上體育課，老師要在今天的這堂課裡考核這群小學生們，有誰可以躍過一百一十五公分的橫桿。

這道橫桿的高度大約是到小學生們的肩膀，即使穿了多功能的運動鞋也很難做到；不出老師的意料，幾乎沒有一個學生成功過。

後來，輪到一個十一歲的小男孩時，卻不像其他小朋友連想都不想就放馬一試。只見他站在橫桿前面猶豫了半天，彷彿正在思考要怎麼樣才能跳過一百一十五公分。

老師見到他一副要跳不跳的樣子，不禁失去耐性，板起面孔，表示這根本是在浪費大家時間，口氣不好的一再催促他立刻開始。

逼不得已，小男孩還沒理出頭緒，就匆匆忙忙跑向橫桿，情急之中，他突發奇想，在到達橫桿前的那一剎那把自己的身體反轉過來，背對著橫桿，使盡全力騰空一躍，竟然通過了！

小男孩從空中重重地跌落在沙坑裡，模樣十分狼狽，衣服上沾滿沙子，不由得有些垂頭喪氣，自己爲了跳過橫桿居然跌了個狗吃屎，肯定會變成同學的笑柄。

他低著頭不敢見人，隱隱約約聽到旁觀同學的竊竊私語，不時夾雜著一陣陣誇張的訕笑聲。

體育老師被眼前的這一幕嚇呆了，他從未見過這種怪異跳高方法，卻出乎意料的成功。老師微笑著扶小男孩起來，稱讚他的創新精神，並且鼓勵他繼續練習這種「背躍式」跳高。

有了老師的支持與肯定，小男孩對跳高產生莫大的興趣，時常與老師一起練習，一起研究當中的技術問題，一起改良各種跳高姿勢。

後來，這位小學生也不負眾望，在一九六八年墨西哥奧運會上，採用「背躍式」這種耳目一新的跳高姿勢，成功征服了二米二四的高度，刷新當時奧運跳高紀錄，一舉奪下了金牌。

他就是美國的跳高選手，「背躍式」跳高的發明人，享譽全球的體壇超級明星——理查德·福斯伯。

心理學家威廉·詹姆斯曾說：「一般人只醒了一半，對身心兩方面的能力，只發揮了本身百分之十的潛能。」

事實上，每個人都具有與眾不同的能力，但往往欠缺信心，導致這些潛能遭到埋沒。只要充滿自信，很多事情都會出現奇妙的改變。

創意是如何誕生的呢？

創意往往是走到山窮水盡，積極思考之後所激發的靈感。

同一個關卡，你無法正向跨過，那麼爲什麼不倒著試試看呢？倒著看世界，也許會有另一番境界。

你的眼前或許只有一條路，但是別忘了走路的方法有很多，每一種方法所到達的終點也不盡然相同，甚至大異其趣。

這個世界沒有什麼是「一定」的，倒著走可能寸步難行，可能會跌個狗吃屎，但重要的是，你去嘗試了，有了不同的體驗和感觸。

可怕的不是事情本身，而是你看事情的角度。當你的人生遭遇挫折、遇到瓶頸之時，唯有換個角度看待，才不至於讓事情繼續惡化，才能把眼前的障礙轉化為幫助自己成功的跳板。

苦中作樂，就眞的會快樂

你的病可以無限擴大，也可以盡可能的縮小；身體上的痛苦並不能阻礙你心靈的快樂，快樂和痛苦都是自找的。

想把眼前的壞事變成好事，首先你必須具備一些幽默感。

幽默感會讓你從正面的角度解讀問題，也會讓你散發積極樂觀的能量。

幽默不只是一種交際手段，更是一種生活態度。

你的幽默會使別人發笑，也可以令別人放鬆心情；當然，在你自己身上也可以發揮同樣的效果，它是把壞事變成好事最好的良藥，而且只要適度運用，就可避免任何副作用。

美國老一輩的影星雷利已經鬢髮斑白，年紀老邁，身體也接二連三出了很多狀況，但他還是非常敬業樂群，活躍在電視圈中。

一次，他去參加一個節目錄影，步履蹣跚，小心翼翼的拄著拐杖，一步一步緩緩地走上台，然後吃力的走到位置上坐下。

看到這樣一個風燭殘年的老人，讓人很自然的聯想到病痛與死亡，就連一旁的觀眾也不禁為雷利的身體擔心，於是，主持人關心的問道：「你經常去看醫生嗎？」

雷利很快的接口說：「是的，我常去看。」

「為什麼要看醫生呢？」

「因為病人一定要常去看醫生，這樣子，醫生才能活得下去。」

雷利從容不迫地回答，話才說完，台下立即爆出熱烈的掌聲，老人的樂觀和機智深深感染了觀眾。

主持人接著問：「那麼，你一定也常去藥房買藥了。」

「是的，我經常去。沒辦法，藥房老闆也要靠病人才活得下去。」

台下又是一陣掌聲，甚至有人吹起口哨來。

「你常吃藥嗎？」主持人又問。

「不，我通常都會把藥扔掉，因爲我也要活下去。」

台下的掌聲更激烈了，主持人見到觀衆興致勃勃，繼續問他說：「尊夫人近來可好？」

雷利把手一攤：「還是那一個，沒換。」

台下哄堂大笑，簡直不敢相信這一連串幽默的對話，是出自一個年邁又虛弱的老人口中。

誰都討厭跟成天愁眉苦臉、哀聲嘆氣的「哀尾道人」相處，你應該不會希望自己是別人眼中的討厭鬼吧！

當你感冒生病時，如果一直記得「感冒」這件事，你只會感到更不舒服，因爲你把所有的精神都放在這件事上面，除了生病的痛苦，你根本感受不到其他美好的事物。

如果你把這件事看得更嚴重一點，逢人便訴說你的病況，在別人的眼中，你是一個不折不扣的病人；他會同情你、憐憫你，但不會看重你，誰敢倚賴一個病人的辦事效率呢？

你的病可以無限擴大，也可以盡可能的縮小。

身體上的痛苦並不能阻礙你心靈的快樂，快樂和痛苦都是自找的；你想要什麼，你就眞的會得到什麼。

改變別人不如改變自己

你不能左右別人的想法，只能調整自己的心態。「責任」並不等於「責怪」，你用不著為過錯責怪自己，但卻必須承擔起自己的責任。

馬丁路德曾經寫道：「最終衡量一個人是否成功，不是看他一帆風順的時候做什麼，而是看他在艱苦和困難的時刻，是否懂得用坦然的遼闊心態去面對。」

每個人都會遭遇失敗挫折，都有遭人看輕的時候，一味自怨自艾非但於事無補，也會讓你更加讓人瞧不起。

與其抱怨爲什麼大家都不看好自己，不如激勵自己要爭氣，把這些輕視自己的人當成另類的貴人，把眼前的挫敗當成激勵自己的難得機會，勇敢接受各式各樣的砥礪。

失敗者最大的毛病，往往就是從來不會檢討自己，就算自己有錯，也會認爲都是別人害自己犯錯。一味把矛頭指向別人，有誰敢接近他？更別說是生命中的貴人了！

別忘了，當你的一根手指指著別人時，其他的四根手指正在指著自己。

小齊十三歲時，獲選爲學校的童子軍，童子軍裡層級分明，代表著不同的榮譽。在小齊所屬的小隊中，特別優秀的人會被挑選出來，隸屬於一個叫作「霹靂火箭隊」的特殊單位；他們每個人都是經過一關一關的考驗，由童軍隊友、童軍老師和童軍助教精挑細選出來的。

能夠成爲「霹靂火箭隊」的一份子，代表「你是最棒的」，就連走起路來也會有風；凡是十三歲的童子軍，沒有一個不想要得到這樣的殊榮。

但是很不幸的，在那年童子軍的最後一次會議中，小齊發現自己並沒有在入選第二年「霹靂火箭隊」團員的名單上，偏偏他最好的幾個朋友卻都榜上有名，

正興高采烈慶祝著。

幾家歡樂幾家愁，這件事使小齊遭受很大的打擊，氣呼呼跑回家，向爸爸埋怨童子軍小隊的評審不公。

他說，自己沒有被選入「霹靂火箭隊」是因爲他默默行善、不求表現，以致無人發現，而那些被選進去的團員全都是好大喜功、引人注目。

最後，他還氣憤地說，這個世界根本沒有公平……

爸爸始終沉默的聽他說，直到他發洩完了，心情也平靜了，才緩緩開口：「也許他們沒有選到你，真的是他們的損失，但是，我要告訴你，如果你參加樂隊，在街上行進演出之時，每個人的步伐都是『左右左』，而你卻是『右左右』，那麼你怎麼可以認爲是他們都踩錯了呢？」

父親的話給了小齊很大的啓發，到了第二年，他終於順利地進入他夢寐以求的團隊。

責怪別人很容易，責怪自己卻很難；找到藉口很容易，找出失敗的原因卻很難。但是，怪別人、找藉口能改變什麼？

不管眞相如何，地球並不是圍繞著你轉，有時積非成是、約定俗成是你無法改變的現象，若是不想順著潮流走，那就只能勇敢去證明自己，創造另一股潮流，否則你只會遭到潮流滅頂。

因爲，你不能左右別人的想法，所以你只能調整自己的心態。

打擊、挫折不斷在我們生活周遭發生，一旦不走運碰上了，人的直接反應就是忿忿不平，怪東怪西，千錯萬錯都是別人的錯。

但是，不妨平心靜氣想想，如果事實無法改變，我們難道要像小孩子一樣，一直賴在地上嚎啕大哭？千萬別這麼幼稚，這種時候你只能選擇面對現實。

記住，再糟糕的事情也可以找到正面的應對方式，癥結就在於你願不願意勇敢面對事情，願不願意勇敢面對自己。

接受事實是轉機的開始

何必把往事扛在肩上不放呢？老是想著昨天，你只會失去今天。重要的不是你曾經做過什麼，而是你未來該怎麼做。

一直看著背後，你當然就看不到前方，這是個人人都知道的道理，只是在遇到挫折時，這也是個最容易被遺忘的事實。

詩人作家歌德曾經說：「當我們認為絕望的時候，那恰恰是離我們希望最近的時候！」

確實，人生經常會遇到事與願違的情況，當你處於逆境時，必須保持冷靜的頭腦，把絕望當成希望的起點，如此才可能出現轉機。

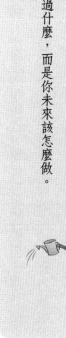

一個年輕人自小遭受很多不幸，長久的不如意使他懷疑人生的意義，於是，他不辭辛勞、千里迢迢上山找一位有名的大師解惑。

一見到大師，他就像看到救星般，滔滔不絕的說著：「大師！我是全世界最可憐的人，你幫幫我吧！我非常的孤獨痛苦，沒有父母，沒有親人，也沒有朋友；我找不到工作，就連唯一的一雙鞋子也在來這裡的路上磨破了；我的手關節受了重傷，身體也因爲勞碌過度而生病。爲什麼我總是比別人不幸？我要怎樣找到自己心中的陽光呢？」

大師聽了，沒有回答他的問題，只是淡然地問：「你跋山涉水而來，一路上都在想著什麼呢？」

年輕人說：「我想著我從小到大遭遇過的痛苦，獨自一人的孤獨，遭受挫折時的委屈，不被人理解的寂寞……就是因爲一直想著這些痛苦，我才有力量走來這裡。」

大師看著年輕人的滿面愁容，便帶他坐船過河到對岸。

上岸後，大師告訴年輕人：「不如這樣，你扛著這條船趕路吧！它在你過河時，可幫你不少忙！」

「什麼？」年輕人簡直不敢相信自己的耳朵：「這條船這麼重，我扛著它走，不是很不方便嗎？」

「是的，你扛著它會很不方便。」大師笑著說：「當你過河時，這條船是有用的，但是既然已經過了河，就要學會放下船趕路，否則，它不但再也幫不到你，還會造成你的負擔。」

大師接著對他說：「年輕人，你所經歷的痛苦、不幸、孤獨、寂寞、委屈、流淚……這些對你的人生都是有用的，如果不是它們，你哪來的今天？但是，倘使抓著它們不放，就會成了你人生的沉重包袱，你的生命又豈能承受這樣子的重擔呢？」

法蘭西斯·培根曾經勉勵我們：「一個人命運的造成，主要還是掌握在自己手裡，人人都可以成為自己命運的建築師。」

追求人生夢想之時，如果患得患失，最後只能無奈地受命運的宰割和擺佈。

一個人之所以成功，並不在於身處順境展現多少能力，而是在於接收到不好的訊息之時，感到徬徨迷惑之時，能否理性、冷靜地進行評估，能否當自己命運的建築師，用自信、熱忱扭轉自己所處的逆境。

美國心理學家威廉·詹姆斯曾說：「要認清事實，接受已經發生的事，是克服任何未來衝擊的第一步。」

既然都已經發生了，你就坦然接受吧！如果不是你的錯，那就不要再一直想著爲什麼了。拿這些無可挽回的事情來折磨自己，你只會越想越委屈，越想越不甘心，不但於事無補，而且會干擾你前進的步伐。

逝者已矣，你又何必把往事扛在肩上不放呢？

老是想著昨天，你只會失去今天。重要的不是你曾經做過什麼，而是你未來該怎麼做；每個人都希望日子過得一天比一天好，不是嗎？

勇敢接受事實，才是生命轉機的開始。

再害怕，也要相信自己一定做得到

害怕是人的正常情緒，壓抑自己的害怕只會令你更加手足無措；你可以怕，但是不能輸給眼前的敵人。

當你的敵人太過強大而讓你心生畏懼時，你該怎麼辦？

想要扭轉眼前的情勢，你必須這麼告訴自己：「雖然我心裡害怕，但是我相信自己一定做得到。」

在恐懼的情緒下和對方全力比拚，就算僥倖勝利了，也是兩敗俱傷；有經驗的人會告訴你，不管眼前的敵人多麼強悍威猛，只要適時激發信心，你就能輕而易舉地戰勝他。

直昇機在高空中盤旋，一群士兵背著跳傘的裝備，站在機艙門口，準備進行他們的第一次跳傘。

從高空中向下看，所有的景物似乎都小得不能再小，樹木像一根針一樣細小，海中的小島也只有石頭般大而已。

從空中跳下去，命運全部只維繫在降落傘上的一根根繩索上，稍有不慎，人就會像一顆從高處落下的西瓜，腦袋開花。這群新兵想到這一點，不由得閉上眼睛，不敢再往下想。

氣氛有點沉重，每個人連一句話都不敢多講，不久，班長用手向站在最前面的新兵示意跳傘的動作，但是他遲遲沒有反應。看著這位新兵臉上緊張的神情，班長貼著他的耳朵，大聲喊著：「你怕嗎？」

這位新兵遲疑了片刻，看著這一雙緊盯著他的眼睛，想到這也許是自己這一生所看到的最後一個畫面，於是，他老老實實的點了點頭，小聲地說：「我很害

怕。」

「偷偷告訴你，我也很害怕。」班長接著說：「但是，我們一定能完成這個跳傘任務，不是嗎？」

聽了這句話，新兵的心情豁然開朗，原來連班長也會感到害怕，每個人都會害怕，自己又何必爲此而羞愧呢？

新兵深吸一口氣，從高空一躍而下，順利地完成首次跳傘的任務；他和隊友乘著風，緩緩的降落在地面上，成爲了不折不扣的傘兵。

許多年以後，菜鳥變成了老鳥，每當率領著新兵跳傘，老鳥也不忘在機艙口問一句：「你怕嗎？」然後，他們會用堅定的語氣告訴新兵：「我也怕，但是，我們一定做得到。」

弱者的害怕，是在害怕中充滿疑慮；強者的害怕，是在害怕中仍然有著自信。

害怕是人的正常情緒，壓抑自己的害怕只會令你更加手足無措；你可以怕，但是不能輸給眼前的敵人。

勇者並非凡事都無所畏懼，只是他們對戰勝的渴望已經壓過了心中的恐懼。同樣的，只要你試著把「害怕」的念頭轉換成「一定要成功」的決心，對你的表現會更有幫助。

不要自欺欺人地說「我不怕」，那只表示你不願意面對自己。當你心跳加速、手心冒汗時，試著對自己說：「我怕，但是我一定做得到。」即使害怕，也要讓自己充滿自信，這樣的想法會是你最有效的定心丸。

講話大聲，可以增強信心

一個人有沒有自信，除了表現在臉上的神情、言談的氣度之外，最重要的就是聲音裡的氣勢。

有句話說「衰人有衰相」，意思是正走衰運的人都有特定的樣貌，從言行舉止就看得出來。簡單說，就是「衰」字寫在臉上。

如果你覺得自己諸事不順，那就有必要照照鏡子，仔細瞧瞧自己。

你看自己，最先看哪一部分？

而當別人看你時，你又希望表現出自己的哪一部分？

事實上，很多時候，你最不在意的那部分，正是別人看得最清楚的一部分。

吳教授是企管系的名師，在業界與學術界都相當吃得開，深厚的學養與謙遜的個性爲他贏得了好名聲，任何人只要拿著他的推薦函，就像是獲得品質認證，不怕找不到好工作。

有一次，一位朋友打電話給吳教授，說他們公司急需人才，請他推薦一位適合的人選。那時正好是鳳凰花開時，吳教授的一位得意門生剛剛畢業，條件也相當符合，吳教授於是就讓他去朋友的公司面試。

過了幾天，吳教授接到這位朋友的電話，原以爲他是要通知這個學生被錄取的好消息，誰知道他竟然說：「你那位學生品行不錯，能力也還可以，但我覺得他有點內向、憂鬱，給人羞怯、沉悶的感覺，恐怕不是大將之材，所以我決定不用他。」

聽了朋友的話，吳教授仔細想了想，發現這個學生平常說話輕聲細語，像是在喃喃自語，自己習慣了，沒什麼感覺，但對於初次見面的人來說，倒眞的會覺得不太對勁。

於是，吳教授向朋友拍著胸脯說：「這個學生其實是個很開朗的人，可能是因爲第一次面試有一些緊張、彆扭吧！請再給他一次機會，我相信他會表現得很好的。」

朋友看在吳教授的面子，只好勉爲其難答應了。

第二次面試前，吳教授特別叮嚀那位學生，講話一定要大聲一點。

結果，當天晚上，朋友很高興地打電話給吳教授，說這個學生表現得落落大方，原來眞的很有潛力，還不斷道謝，感激吳教授推薦這麼優秀的一個人才。

不走運的人，最大特徵就是嚴重欠缺信心，不管做什麼事都一副龜龜縮縮的模樣。更糟糕的是，說起話來像精神病患喃喃自語，或是小聲到只有蚊子才聽得到，讓人看了就皺眉頭。

如果你想擺脫衰運，增強信心，那就必須改進自己的說話方式。

我們聽到宏亮的聲音，很直覺地就會認爲這個人是個開朗、直率的正人君子，相反的，缺乏自信的人聲音多半是畏畏縮縮、吞吞吐吐，卡在喉嚨裡似的。聽到一個溫柔的聲音，我們聯想到好媽媽的形象，聽到一個又嗲又軟的聲音，我們腦海中第一個想到的字眼是「狐狸精」。

我們習慣用聲音來判別一個人，別人也經由聲音判斷我們。

一個人有沒有自信，除了表現在臉上的神情、言談的氣度之外，最重要的就是聲音裡的氣勢。

我們不能改變與生俱來的音色，但是至少可以讓我們的聲音散發好氣色；想成爲一個充滿自信的人，請先從講話的聲音做起。

別被影子打敗了

所有緊張、恐懼的心理其實全都來自於自己的想像；你覺得心神不寧，感到焦慮不安，結果就真的有事發生了。

唐宋八大家之一的韓愈曾說過一句名言：「一犬吠影，百犬吠聲」。

意思是說，一隻狗會因爲見到可疑的影子而大叫，其他的狗聽見聲音也會跟著叫起來。其實，人也是這樣。很多時候，我們害怕的東西，起初只是個模糊的影子，而最後把你打敗的，也正是這個經過衆人無限擴大的影子。

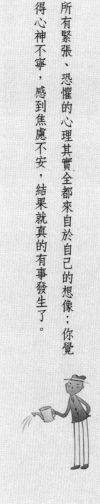

阿榮剛到台北來謀生時，在一個小酒吧裡學習調酒。

打從第一天上班，老闆便特別提醒阿榮：「我們這一帶有一個流氓，經常來店裡白吃白喝，心情不好的時候，還會把人打得遍體鱗傷，因此，如果你聽到別人說：『大流氓來了！』什麼也別想，想盡辦法趕快跑就對了。因爲這個大流氓實在太蠻橫了，連警察都不放在眼裡，上一個酒保被他打傷，到現在還躺在醫院裡呢。」

某一天深夜，酒吧外面忽然一陣大亂，眾人紛紛喊著：「大流氓來了！大流氓來了！快走！」

當時，阿榮正在上廁所，等到他緊張地走出來時，酒吧裡的客人、員工早就跑得乾乾淨淨，連個影子也見不到。

這時，只聽見「砰」的一聲，前門被人踢開了，一個兇神惡煞般的男人大步走進門；他的臉上有一道刀疤，手臂上的刺青一路延伸到後背。

他二話不說，就氣勢洶洶在吧台前坐了下來，對阿榮吼著：「給我來一杯威士忌。」

阿榮心想，既然已經來不及逃跑了，不如就試著陪笑臉，儘量討流氓的歡心，以保全性命吧！

於是，他用顫抖的雙手，戰戰兢兢地遞給那個男人一杯威士忌。

男人看了阿榮一眼，一口氣把整杯酒飲乾，然後重重地把酒杯放下。

看到了這一幕，阿榮的心臟簡直快要跳出來了，若不是酒吧裡還放著音樂，他的心跳聲一定會大得被人聽見。阿榮勉強提起勇氣，小聲的問道：「您……您要不要再來一杯？」

「誰有那種美國時間續杯！」男人對著他吼道：「你難道不知道，大流氓就要來了嗎？」

相信大家都有過這樣的經驗，每當到了陰森森、黑漆漆的地方，我們便會感到毛骨悚然、心跳加速，好像什麼事就要發生，於是步步驚魂，隨時提高警戒，嚴陣以待，但是到了最後，往往什麼事也沒發生；從頭到尾，都是我們自己在嚇自己。

所有緊張、恐懼的心理其實全都來自於自己的想像；當我們覺得心神不寧，感到焦慮不安，結果往往就眞的有壞事發生了。

其實，如果不是因爲我們心有陰影，這些意外也許根本就不會發生，只是一旦發生了，我們通常會認爲自己的「未卜先知」，驚嘆第六感眞準，而不去深究其中的因果關係！

想要杜絕意外事件的可能，最好的辦法就是根本不要去想到它，當一個人無畏無懼時，就連麻煩也會知難而退。

2
PART

有實力，才有好運氣

雖然成功有時候也會受到運氣的影響，
但是運氣不可能平白從天上掉下來，
而是在累積一定的實力之後
才會降臨在努力的人身上。

患得患失，只會自討苦吃

大部分人因為不想嚐到失敗的滋味，所以一輩子怯怯懦懦，不敢輕易嘗試，並且還因此沾沾自喜，殊不知這才是最大的失敗！

作家凱勒曾經寫道：「我絕不憂慮不如意的小事，因為，我知道那些小事，實際上並不如自己想像中那麼嚴重。」

其實，人生難免會有波折，大多數爲小事憂慮沮喪的人，除了是自己看得太淺、想得太多，另外就是太過於患得患失，因此，才會爲一些暫時阻礙成功的芝麻蒜皮小事煩惱發愁，陷入負面情緒中自找苦吃。

不論做任何事，剛開始時總是容易跌跌撞撞，就像嬰兒學走路一樣。除非你眞的天賦異稟，要不然，跌倒對每個人來說，其實都只是不足爲奇的小事而已，何必擔心害怕呢？

安東尼十四歲的時候來到美國，因爲他從七歲起就跟著裁縫師學裁縫，到了美國之後，很順利地就在一家裁縫店中找到工作。

到了十八歲時，安東尼決定要成立一家屬於自己的店。

於是，他和弟弟及其他合夥人共同買下了一間禮服店，他更是信心滿滿地把所有的積蓄都投資在這裡。但是，接下來發生的許多事情，卻不斷地考驗著安東尼開店的決心。

先是在即將開業的前一天晚上，被小偷偷走了將近八萬美元的存貨；接下來他再度進的貨，又在一場意外大火中付之一炬。

後來，他才發現保險經紀人欺騙他，根本沒有把他支付的保險費支票交給保險公司，這場火災等於沒有保險。

更慘的是，可以證明公司存貨內容和價值的一位重要證人，卻正好在這個時候去世了。

接二連三的打擊實在讓安東尼受夠了，他決定到別的裁縫店工作。但是，過了沒多久，他渴望擁有自己事業的慾望又開始蠢蠢欲動。

於是，他再度鼓起勇氣，開了一家裁縫兼禮服出租店。這一次，他決定多採納別人的意見，但是大方向上依然堅持自己做決定。

因爲，他始終相信：如果跌倒了，至少是他讓自己跌倒的；如果他站了起來，那也是要靠自己站起來的。

安東尼堅持著這個信念，不久之後，他的「法蘭克禮服出租店」終於成爲底特律的知名店舖。

詩人朗費羅曾經說：「不要無事自尋煩惱，否則就是自找苦吃。」

這句話告訴我們，跌倒了就快點站起來，不要爲了絆倒自己的小石頭傷腦筋，

只要有實力又肯努力，最後你一定會成功，因此又何必一天到晚用負面情緒來折磨自己呢？

因爲害怕跌倒，很多人不敢騎腳踏車、不敢溜冰、不敢玩直排輪……因爲害怕，所以喪失了許多樂趣。

人生的過程也是如此，大部分人因爲不想嚐到失敗的滋味，一輩子怯怯懦懦，不敢輕易嘗試新事物、新方法，還因此沾沾自喜，殊不知這才是最大的失敗！

跌倒的目的，就是爲了讓你在爬起來的時候，能看到更美好的東西！

人要活得自信自在，何必害怕跌倒？應該怕的，是連嘗試都不敢嘗試，便在恐懼中失去機會，因爲失去了嘗試的勇氣，也就等於自願放棄了成功的機會。

脾氣大的人註定當傻瓜

如果只是因為等待的時間太長，便選擇放棄的話，那就表示對自己的才華沒有信心，又怎麼能得到別人的肯定呢？

富蘭克林曾經在《窮查理的曆書》中寫道：「平庸的人，最大的缺點，就是經常覺得自己要比別人高明。」

正因爲如此，當他們發現自己並非想像中那麼絕頂聰明，才會驚訝不已，甚至因而惱羞成怒。

爲什麼許多自認爲有才華的人，最後不一定會成功？

那是因爲他們脾氣大，又缺乏耐心，總認爲自己的才華是獨一無二的，所以

一旦不順己意時，很容易就會怨天尤人，接著便是全盤放棄了！

有一個工人，一家人都住在拖車裡。

工人一星期的薪水只有六十美元，因此他的妻子也必須外出工作才行。不過，即使夫妻兩人都工作，賺到的錢仍然只能勉強餬口而已。

他們還有一個出生不久的嬰兒，有一次，嬰兒的耳朵受到感染，他們只好將電話賣掉，才勉強湊到錢爲嬰兒治病。

雖然生活很拮据，但是這個工人一直夢想成爲作家，只要一有時間，就會把握時間寫作，把剩下的一點點錢全部用來支付郵資，寄稿件給各個出版商。

可惜的是，他的每一部作品幾乎都被退了回來，退稿信件也寫得十分簡短和公式化，工人甚至不確定這些出版商究竟有沒有看過他的作品。

有一天，他看到一部小說，內容讓他想起了自己的某部作品，於是他把作品寄給那部小說的出版商。

幾個星期後，工人收到出版商湯姆森的回信，湯姆森認爲原稿的瑕疵太多，不過仍然認爲工人具有成爲作家的潛力，並且希望他再試試看。

接下來的十八個月裡，工人一連寄出了兩份稿子，但是全都遭到退回。寫到第四部的時候，因爲生活上的困難，工人決定放棄寫作，並且氣得把稿子扔進了垃圾桶裡。

但是，他的妻子卻把稿子撿了回來，還對他說：「你不應該半途而廢，特別是在你快要成功的時候。」

就這樣，妻子的支持和鼓勵，讓工人再度燃起了一線希望。

儘管妻子給予的支持，讓工人能夠懷抱希望地繼續寫下去，但當他寄出第四部小說時，幾乎不抱任何希望，因爲他認爲還是會失敗的。

可是，他錯了！湯姆森看完之後，立刻要求出版公司預付兩千五百美元的版稅給這個工人。

就這樣，史蒂芬·金的經典恐怖小說《嘉莉》誕生了！這本小說總共銷售了五百萬冊，還被改編拍攝成電影，成爲一九七六年最賣座的電影之一。

有人說，人生的道路當中，有無數條途徑通往失敗，只有一條道路連接成功。但是，換個角度來說，其實成功並不難，它就在無數條失敗道路的旁邊，能不能邁向成功之路，全看我們能不能超越自我。

因此，凡事必須三思而後行，以免做出讓自己後悔的蠢事，因爲，粗魯和草率的言行，均是那些失敗的傻瓜的共同特徵。

成功是需要耐心等待的，耐心在成功的過程中佔有最重要的地位。

一個眞正有才華的人是不會被埋沒的，如果只是因爲等待的時間太長，便選擇放棄的話，那就表示對自己的才華沒有信心。一個連自己都不相信的人，又怎麼能得到別人的肯定呢？

不要害怕當傻瓜

一個聰明人如果有當傻瓜的勇氣，那麼他才能堅持自己的理想，並且積極地完成目標。

梵谷曾經說過：「如果你聽到自己內心有個聲音在說『你做不到』，你就必須想盡辦法去做，那麼這個聲音就會自動消失不見。」

其實，我們最大的敵人，並不是外在環境的競爭對手，而是每天跟自己朝夕相處的自己，只要我們能夠戰勝每天在內心世界告訴自己「不可能做到」的那個人，我們就會完成以前自己做不到的事。

詹姆森．哈代是一個喜歡冒險的人，他周圍的朋友和同事都認爲他是一個滿腦子怪念頭的「傻瓜」。當他發現電影發明的原理之後，便從電影膠卷的轉盤中產生了靈感：他讓膠卷上的畫面一次只向前移動一格，以便老師能夠有充足的時間詳細闡述畫面裡的內容。

這個想法讓哈代受到不少嘲笑，但是他沒有因此退縮。經過不斷地反覆實驗之後，哈代終於實現了讓畫面與聲音同步進行的目標，創造了「視聽訓練法」。

除此以外，哈代曾經兩度入選美國奧運會游泳代表隊，也曾經連續三屆獲得「密西西比河十英哩馬拉松賽」的冠軍。哈代在游泳的時候，覺得大家在比賽時使用的游泳姿勢不好，決心加以改變。

但是，當他把想法告訴游泳冠軍約翰．魏斯姆勒時，約翰認爲他的想法太過荒唐，立刻加以拒絕。另一位游泳冠軍杜克．卡漢拉莫庫也要他不要冒險嘗試，以免不小心在水裡淹死。

當然，哈代沒有理會他們的告誡，仍然不斷地挑戰傳統游泳的姿勢，最後終於發明了自由式，並且成爲現在國際游泳比賽的標準姿勢之一。

沒有人願意被別人當成傻瓜！可是，那些最後獲得肯定、得到成功的人，在一開始，往往也是許多「聰明人」眼中愚蠢的傻瓜。

作家蘭爾代斯曾說：「我們只有一次生命，而且它又相當短，我們為什麼要浪費那麼多時間，在自己最想做的事情上面猶疑不決呢？」

只有鼓起勇氣去做自己想做的事情，才能讓自己活得更好。

歷史上有許多著名的成功人物，都是因爲不怕被別人當成傻瓜，所以才能成就一番事業的。

總是被別人看成聰明人當然很好，可是一個聰明人如果有當傻瓜的勇氣，那麼他才能堅持自己的理想，並且積極地完成目標。

越保守的人，收穫越多

得到一樣東西之後，往往又會想要更多，慾望無窮，但是得到的卻沒有更多，反而把原本握在手上的，拱手讓給了別人。

法國文豪巴爾札克在在《三十歲的女人》一書中寫道：「大凡失足犯錯，都是因為錯誤的推理和過度貪欲造成的。」

確實如此，認爲自己擁有絕佳的運氣，失去理性的錯誤判斷，任由慾望過度膨脹，最容易使人迷失。

不論是做人做事或是投資理財，都應該謹守中庸之道，適可而止，才能讓自己處於不敗之地。否則，到最後就會淪爲「一無所有」的大傻瓜。

有一對新婚夫妻到拉斯維加斯度蜜月，不到三天，好賭成性的新郎就已經輸掉了一千美元。

這天，新郎又輸了，非常懊惱地回到房間。這時候，新郎看到梳妝台上有個閃亮亮的東西，好奇地上前一看，原來是他的妻子爲了當紀念而留下的五塊錢籌碼，而籌碼上的號碼「十七」正在閃閃發光。

新郎覺得這是個好兆頭，於是興高采烈地拿著這個五塊錢籌碼跑到樓下的輪盤賭台，準備用這個五塊錢籌碼押在「十七」號！

不知道是哪裡來的好運，輪盤的小球居然正好落在「十七」這個數字上！新郎就這樣贏了一百七十五塊美元。

新郎高興得不得了，把贏來的錢繼續押在「十七」號上，結果居然又中了！新郎的好手氣就這樣一直持續著，最後他竟然贏了七百五十萬美元！

這時的他已經是欲罷不能了，賭場的經理終於出面對新郎說，如果他再繼續賭下去的話，賭場可能沒有辦法再賠他錢了。

這個新郎想乘勝追擊，於是叫了部計程車，直奔市區另一家財力更雄厚的賭場。他樂昏了頭，把贏來的七百五十萬全部孤注一擲地押在「十七」號上，結果輪盤的小球方向一偏，最後停在「十八」號上。

就這樣，他一輩子都賺不到的天大財富，轉眼間便輸得一乾二淨了。

最後，他身上一毛錢都沒有，只好垂頭喪氣地走回旅館。

他一進房間，妻子就問他：「你到哪裡去了？」

「我去賭輪盤。」他說。

「手氣怎麼樣？」妻子好奇地問。

「還好，我只輸了五塊錢。」

美國作家海爾曼曾說：「有一天，當你發現自己的失敗都是自己的貪慾造成的，而非源於意外、時間或命運，那是多麼悲哀的事。」

貪婪是一面鏡子，映照我們內心的醜陋，顯現在我們的臉上。

其實，這位新郎原本可以成爲七百五十萬美元的主人，但是他的貪心，卻讓他成了「只輸了五塊錢」的過路財神。

我們或許都曾有這樣的經驗，但是機會來臨之時我們沒有好好把握，又太過於相信自己的運氣，最後落得一場空。

得到一樣東西之後，往往又會想要更多，人的慾望無窮，但是得到的卻沒有更多，反而把原本握在手上的，拱手讓給了別人。

如果你已經掌握了些什麼，請你好好把握，或許從這些資源中，你反而能得到更多意想不到的收穫！

有實力，才有好運氣

雖然成功有時候也會受到運氣的影響，但是運氣不可能平白從天上掉下來，而是在累積一定的實力之後才會降臨在努力的人身上。

腳踏實地是的成功首要條件，但不可否認的是，有時候，「運氣」多多少少也可能成爲影響成功的條件之一。

不過，做事不能碰運氣，平時必須多累積自己的實力，只要經常克服自己的缺失，每個人都會有好運氣。

有一位老伐木工正在對新入行的班納德解釋要如何砍樹，老伐木工說：「要是你不知道樹砍斷後會落在什麼地方，那麼就不要砍它。而且樹總是會朝支撐少的方向落下，所以，如果你想讓樹朝哪個方向落下，只要削減那一方的支撐力就可以了。」

班納德聽完，心中覺得半信半疑，他知道要是稍有差錯，他們要不是損壞一棟昂貴的別墅，就是弄垮一幢磚砌的車庫。班納德滿心不安地依照老伐木工的指示，在兩幢建築物中間的土地上劃一條線。

在那個還沒有電鋸的時代，砍樹主要靠的是腕力和技巧。

老伐木工等班納德準備完成之後，揮起斧頭便向大樹砍去。

這棵大樹的直徑大約一公尺，老伐木工年紀雖然大，但臂力還是很強勁。過了半小時，大樹果然不偏不倚地倒在班納德所畫的線上，而且樹梢離房子還有很遠的距離。

班納德很佩服老伐木工的本事，但是老伐木工什麼也沒有表示，只是默默地將大樹砍成整齊的圓木，再把樹枝劈成柴薪。

班納德見狀，不禁對老伐木工說：「你的技術眞好！我絕對不會忘記你所教的砍樹技巧！」

一直不發一語的老伐木工，這時才緩緩地對班納德說：「算我們的運氣好，今天沒有風。你要注意，永遠要提防風！」

雖然成功有時候也會受到運氣的影響，但是運氣不可能平白無故地從天上掉下來，而是在累積一定的實力之後，才會降臨在努力的人身上。

美國作家約翰．巴勒斯說：「運氣看似誘人，但事實上，有很多遙不可及和美好的事物都只是騙人的幌子，最好的運氣來自你的實力。」

碰運氣很可能會讓人碰壁，因爲，成敗的關鍵不在運氣，而在於你是否能計算出運氣的行進軌跡，是否有足夠的能力抓住它。

如果沒有努力過，只妄想著依靠運氣就能成功，那麼就算僥倖成功了，這種成功往往也只是曇花一現，難以長久維持的。

「敢做」，比「會做」更重要

想要成功，就不能害怕冒險。有了周密思考後所做的客觀判斷，再加上過人的膽識，那麼成功自然就能水到渠成了。

也許出身的地位有高低之分，但成功卻不會有任何設限，因爲任何人都有成功的機會，只是看你敢不敢、願不願意盡全力爭取而已。

千萬不能淪爲被命運支配的傀儡，即使生活到了難以忍受的地步，只要你充滿信心與希望，終究會開創屬於自己的輝煌時光。

理查德．科布登是一個農夫的兒子，年紀很小的時候就被送到倫敦，在一個倉庫裡受僱爲童工。

理查德從小就是個勤奮上進的孩子，渴望能夠吸收更多的知識。只可惜他的僱主是個非常保守專制的人，認爲工人就是工人，不需要讀太多書，所以理查德只能在工作之餘偷偷摸摸地自修學習，將從書本中獲得的知識默默藏在心裡。

不過，他的學識很快地便展現在他的工作中，使他從一個倉庫管理員，成爲旅行全國的推銷員；理查德更從中建立起屬於自己的人脈，並且爲日後的獨立奠定基礎。

等到存夠錢之後，理查德便開始了他的商業生涯。經過許多年的奮鬥之後，經商成功的理查德，因爲自己當年想讀書卻沒有書讀的遭遇，決定致力於普及大衆教育。

爲了宣傳他的理念，理查德必須到處巡迴演講。然而，他沒有這方面的經驗和訓練，所以，他首次在公衆面前發表的演講可說是慘不忍睹。

但是，理查德並不氣餒，靠著毅力和不斷地練習，終於成爲最具說服力的演講者之一。後來，理查德還被評價爲：「他是將個人才能和努力發揮得淋漓盡致的最佳典範，也是出身社會最底層的窮人，經由發揮自己的價值，躋身到受人尊敬的地位中，完美的一個例子。」

法國作家紀德在小說中，寫過一段激勵人心的話：「人人都有驚人的潛力，要相信自己的力量與青春，要不斷告訴自己：我就是命運的主宰。」

確實，只要下定決心改變，人就是自己生命的主宰。

想要成功，就不能害怕冒險。

所謂的冒險，不是指盲目的鋌而走險，而是建立在周密的思考後所做的客觀判斷；要達到這一步，必須累積相當的視野和經驗。

有了這些條件，再加上過人的膽識，成功自然也就能水到渠成了。

別當個食古不化的老古董

在這個競爭激烈的社會中，替換更新是很正常的現象，在交替轉變中如果不知變通，那麼最後只會遭受到淘汰的命運。

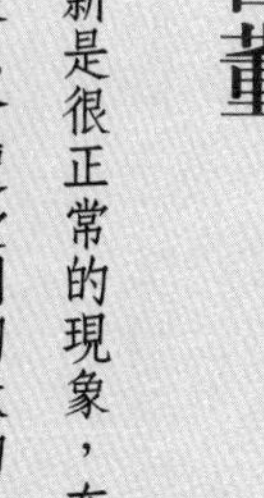

敢於懷疑的人，思想靈活，較少受習慣的束縛，並且渴望創新，所以往往可以發現眞理的另外一面。這種特質不論是從事科學研究，或是用於待人處世，都是一種進取的美德。

日本明治維新的功臣之一阪本龍馬，常常和另一個維新大將西鄉隆盛談論時事。因爲阪本的談話內容和觀念每次都有一些改變，所以西鄉隆盛每次的感受也都有所不同。

有一天，西鄉隆盛對阪本龍馬說：「我每次遇到你，你的談話內容都會和前一次不同，這讓我對你所說的話產生懷疑。你既然是名滿天下的志士，受到大家的尊敬，就應該有不變的信念才對。」

阪本龍馬聽完，回答道：「孔子說過一句話：『君子從時』，時間不停地流轉，社會也天天在變化，昨天的『是』，在今天很可能就是『非』。所以『從時』，才是遵守君子之道。」

接著，他又對西鄉隆盛說：「西鄉先生，如果你對某事物有一定的看法，並且遵守到底的話，將來一定會跟不上時代的。」

一九七九年的諾貝爾物理獎得主溫伯格，在獲獎之後曾經接受《科學報導》記者的訪問。

記者問溫伯格說：「請問，你覺得哪些是科學家必須具備的素質？」

溫伯格回答碩：「這個問題是因人而異的，不同的人可以按照不同的途徑獲得成就。雖然每個物理學家都必須具備一定的數學才能，但並不表示數學最好的人就會是最好的物理學家。因爲其中最基本也最重要的素質，就是對自然現象的『勇於懷疑』。所謂的勇於懷疑，就是不輕易接受書本上的答案，認眞去思考，並嘗試發現有什麼是與書本不同的東西。」

在這個競爭激烈的社會中，替換更新是很正常的現象，在交替轉變中如果不認眞思考、不知變通，那麼最後只會遭受到淘汰的命運。

因此，一定要把「創新求變」的精神加以活用，那麼才能在時代中，佔有屬於自己的一席之地。

用信念改變你的命運

受到挫折時，歸咎於命運是很多人會尋找的藉口，但就算挫折真的是命中注定，你的信念和意志，仍然可以改變挫折的結果。

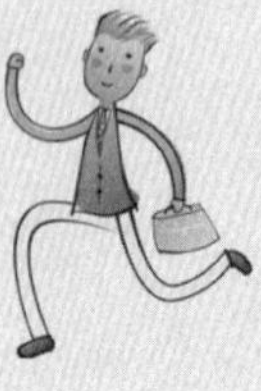

許多人都曾對自己的未來感到不確定，覺得命運似乎不是自己可以控制的。但是，無論外在的環境怎麼改變，只要自己的信念和意志不變，命運的控制權還是掌握在自己手裡的。

一九五五年，十八歲的金蒙特已經是全美國最年輕，也是最受喜愛的滑雪選

手。她的名字出現在大街小巷，她的照片也經常成爲各大雜誌的封面，美國人民都看好金蒙特，認爲她一定能替美國奪得奧運的滑雪金牌。

然而，一場悲劇卻使金蒙特的願望成了泡影。

在奧運會預選賽最後一輪的比賽中，因爲雪道特別滑，金蒙特一不小心就從雪道上摔了下去了。當她從醫院中醒來時，雖然保住了性命，但是，肩膀以下的身體卻永遠癱瘓了。

金蒙特十分努力地想讓自己從癱瘓的痛苦中跳出來，因爲她知道，人活在世界上只有兩種選擇：奮發向上，或是從此意志消沉。最後，金蒙特選擇了奮發向上，因爲她對自己的能力仍然堅信不疑。

有好幾年的時間，她的病情處於時好時壞的狀況，但是她從來沒有放棄過追求有意義的生活。

幾經艱難，金蒙特學會了寫字、打字、操縱輪椅和自己進食，同時她也找到了今後人生的新目標：成爲一名老師。

因爲她的行動不便，所以當她向教育學院提出教書的申請時，系主任、校長和醫生們都認爲以金蒙特的身體情況，實在不適合當老師。

可是，金蒙特想當老師的信念十分堅定，並沒有因爲遭到反對就宣告放棄。她仍然持續地接受復建治療，也不斷地努力唸書，終於在一九六三年獲得華盛頓大學的教育學院聘請，完成她想當老師的願望。

雖然金蒙特沒有辦法得到奧運金牌，但是她鍥而不捨的意志力，已爲她的人生贏得了另一面金牌。

在遭受到這麼大的打擊之後，就算金蒙特選擇自怨自艾地度過餘生，應該也沒有人忍心苛責她。

可是她並沒有，她願意接受眼前的事實，並且尋找另一條出路，於是在她的堅持之下，命運最後還是操縱在她的手裡。

受到挫折時，歸咎於命運是很多人會尋找的藉口，但是別忘了，就算挫折眞的是命中注定，你的信念和意志，仍然可以改變挫折的結果。

3

PART

壞事，來自負面的自我暗示

你相信什麼，你就會得到什麼，

把你的心理暗示，用在正面的地方吧！

鑽牛角尖有什麼不好？

如果愛迪生不鑽牛角尖，經過多次的失敗，他早就應該放棄了，怎麼還會有第一百零一次的實驗？

越來越多人習慣接受已經固定的一切，卻忘了深究其中的原委，默默地遵循常理，卻不加思索其中的意義。殊不知，少了一些「爲什麼」，人類終究只能停留在原地。

人必須有自己的思考體系和判斷標準，才能印證自己有多大價值。

不要人云亦云，只有眞正能夠主宰自己生活的人，才能夠徹底發揮自己的專才，讓生命更加精采。

上課鐘已經響過了二十分鐘，數學老師站在講台上，手中拿著粉筆說：「現在，請各位同學在筆記本裡記下：平行的兩條直線，不管再怎麼延長，永遠也不會相交。」

學生們一個個低下頭認眞的寫著，教室裡只聽得見鉛筆在紙張上所發出的窸窸窣窣聲。

「我再說一次，平行的兩條直線……咦！西多羅夫！你爲什麼不做筆記呢？」老師好奇的問。

「我在想，它們爲什麼不會相交呢？」

「什麼爲什麼？我不是講過了嗎？因爲它們是兩條平行線啊！」

「如果把它們一直延長，延長到一公里、兩公里，或是很遠很遠的地方，它們也不會相交嗎？」

「是的。」老師一副理所當然的模樣。

「有人曾做過實驗嗎？」

「做什麼實驗？這個道理再清楚不過了，因爲這是大家都認同的公理。」老師的語氣逐漸不耐煩起來，不明白這個問題學生爲什麼總是有那麼多問題，老師斬釘截鐵地說：「公理就是不需證明的眞理。」

「這麼說來，不論什麼定理都可以叫做公理，根本用不著證明了。」

這個學生怎麼講也講不通，眞是孺子不可教也，老師勃然大怒說：「我明白了，你是存心跟我唱反調，我從來沒有見過這麼頑劣的孩子，我不想跟你多說，你收拾書包回家去吧！」

「但是，我眞的不明白。」年少的西多羅夫一臉茫然，但是在老師嚴厲的眼神下，只好乖乖地收拾起書包，走出教室。

誰也沒想到，十二年後，這位被數學老師趕出教室的學生，竟然成爲了一個舉世聞名的幾何學家。

鑽牛角尖不一定就是壞事，只要用對方法、鑽對地方，解決了自己的困惑，就有可能帶來意想不到的收穫。

我們經常勸人不要鑽牛角尖，其實那只是一種因循苟且的消極心理，認爲多一事不如少一事。

想想看，如果愛迪生不鑽牛角尖，經過多次的失敗，他早就應該放棄了，怎麼還會有第一百零一次的實驗？

鑽牛角尖似乎自尋煩惱，有時看起來不符合經濟效益，但是有時卻是一種堅持、一種毅力、一種鍥而不捨的精神，許多領域的「新大陸」往往就是這樣被發現的。

只要在需要印證的地方認眞鑽研，「鑽牛角尖」又有什麼不好呢？

善用微笑的神奇魔力

微笑無處可尋，不能用錢買到，在你把微笑的魔力施予他人的同時，你自己也會感受到它的神奇。

法國著名的哲學家伏爾泰曾經說過：「所有的好事，都會發生在天性開朗的人身上。」

開朗的人特徵就是臉上時時掛著微笑。

微笑不只是嘴角的牽動，更重要的是那一份發自內心的眞誠；大部分人最美的樣子，就是出現在眞心微笑的時候。

臉部表情是內心活動的眞實投射，一個人如果身心不安樂，非但不會發自內心地綻放笑容，更會在臉孔上寫滿負面情緒。

不要小看這種陰沉的表情，它將清楚地訴說你是怎樣的人，也將導致你的人際關係趨於冷漠。

法國巴黎的羅浮宮裡珍藏著一幅舉世聞名的畫作——達文西所畫的「蒙娜麗莎的微笑」。

沒有人知道她爲什麼微笑，有人說因爲她懷著身孕，散發出母親的微笑；也有人說因爲她是畫家的情人，爲了愛情而微笑。

其實，眞正的原因是什麼已經並不重要，重要的是，她正在微笑。

幾個世紀以來，她永恆的微笑不知給多少人帶來多少遐想，全世界都爲她的微笑而著迷。

雖然你不是蒙娜麗莎，但是你也同樣有一張臉，可以決定自己要哭還是要笑。

一個眞誠的微笑足以代表你這個人的內心世界，保持微笑不啻是人際社會最好的通行證。

根據一項實驗調查，微笑有助於人際溝通，提升業務推廣的效益。

日本某家大型百貨公司曾經舉辦專櫃小姐的「微笑比賽」，結果兩個禮拜間，百貨公司營業額比平時增加兩倍。

紐約一家百貨公司的主管也曾說過一句發人深省的話，他說：「我寧可僱用一位隨時帶著微笑的女孩，即使她連中學都沒讀過，也不會僱用一位讀過萬卷書卻不苟言笑、一副撲克臉的博士。」

你是屬於哪一種人呢？是隨時泛著笑容，還是不苟言笑呢？

我們的喜與樂、哭與笑通常不是爲了別人，而是爲了自己。牛頓說過：「愉快的生活是由愉快的思想造成的。」

微笑代表禮貌、友善、親切、關懷，不但能激勵你周遭的人，更是你沮喪時

的一劑強心針。

微笑無處可尋，不能用錢買到，在你把微笑的魔力施予他人的同時，你自己也會感受到它的神奇。

哭哭笑笑都是人生，雖然人生的高低起伏有時令人哭不出來，也笑不出來，不過，只有在哭笑不得時，你才能體會，能夠隨心所欲的操縱自己的表情，原來是一件多麼難得的幸福。

微笑就是一種幸福，盡情地笑吧！

用微笑的表情改變自己的心境

如果你板著臉孔，等於向世界宣告你的不幸，別人見了一臉苦相，怎麼還會想跟你親近？「貴人」又怎麼會出現呢？

大文豪莎士比亞曾經寫道：「希望，在任何時代，都是一股讓自己生命看見陽光的力量。」

的確，即使活在最困苦的環境，即使屢屢遭遇命運播弄，只要願意懷抱著希望，願意帶著微笑，堅強地面對突如其來的打擊，最後一定能發現屬於自己生命的春天。用微笑面對低潮，總比愁眉苦臉唉聲歎氣好。無論遇到什麼不如意的事，只要適時把臉朝向陽光，自然就會感覺生活其實沒那麼糟糕，自己的人生依舊充滿希望。

馬克吐溫曾經提醒我們說：「快樂即是健康，憂鬱即是疾病。」

因此，當你遭遇失敗挫折，或是身體面臨病痛折磨的時候，你更應該保持微笑，記得提醒自：快樂即是自己對抗一切不如意的法則。

一切都是心的作用，只要改變心境，你就能改變自己的處境。

很多年前，剛從護理學校畢業的恩美到一家醫院加護病房實習，病房裡有個胃癌末期的老人，飽受著病魔煎熬。大多時候，他連飯也吃不下，只能痛苦地蜷曲在床上。

病房裡是白色的牆壁，白色的天花板，白色的床單，蒼白的身軀；唯一和這個景象不搭調的，是這個病人身上的睡衣。他總是穿著一身色彩鮮艷的米老鼠圖案睡衣，衣服上的米老鼠笑容燦爛，正好和他承受的痛苦形成強烈的對比。

一天下午，恩美經過這個老人的病榻旁，看到他的臉孔因爲劇列的疼痛而扭曲成一團。

「我馬上幫你叫醫生過來。」恩美親切地對他說，試著分散他的注意力，「你這件衣服的質料不透氣，或許在醫生來之前，我幫你換掉這身米老鼠睡衣，你會感到舒服一點。」

「不，我喜歡這件睡衣。」老人喘著氣說：「米老鼠提醒我別忘了微笑，這是醫生和護士做不到的。我知道妳是心地很好的女孩，願意幫助別人，但是，妳知道嗎？對一個將死的人來說，最大的幫助就是對他微笑，這已經是我們能夠看見最迷人的景色了。」

一個星期後，這個老人走了。在他臨終前，指名送給恩美一個禮盒，盒子裡是一件簡單的T恤，上面印著迪士尼高飛狗咧嘴大笑的圖案。

後來，恩美成爲一個優秀的護士，她對待病人不只細心體貼，最重要的是她樂於對每個病人微笑。

這已成爲她生命中重要的一部分，她在心裡永遠都穿著那件高飛狗的T恤，用笑容陪伴每一個奄奄一息的病人，讓他們即使到了生命的終點，都還能看見世界上最迷人的景色。

當你越不如意的時候，越要記得保持微笑，如果你想遠離失敗和挫折的不愉快記憶的話。

或許你會覺得，心情明明已經很「鬱卒」，還要強顏歡笑，不是很強人所難、太「假仙」了嗎？

但是，反過來說，如果你板著臉孔，等於是向世界宣告你的不幸，別人見了你一臉苦相，怎麼還會想跟你親近？你的「貴人」又怎麼會出現，使你把壞事轉變好事呢？

富者越富，貧者越貧，或許就是源自於這樣的因果關係啊！

想想看，每天一起床，你希望迎接你的是一張燦爛的笑臉，還是一張陰霾的苦瓜臉呢？所以，當你想讓自己的壞心情變好，就請你也用同樣的臉蛋來迎接這個世界吧！

尋找自己的「第二個生日」

逝去的已經無法挽回，但是，你卻可以改變自己的未來；有什麼事情會比敞開心胸，輕鬆迎接未來更重要的呢？

作家伏契克曾經說過：「就算明天是世界末日，也要用微笑面對今天。」

的確，即使明天眞的是「世界末日」，也不會因爲愁眉苦臉、灰心失望就改變這個事實，那麼，何不面帶微笑，用樂觀的心態過好今天？

你知道生命當中什麼事情是重要的，什麼事情又是不重要的嗎？也許，必須等你找到自己的「第二個生日」，對生命的存在意義有更徹底的體認，你才有辦法加以界定。

我們很容易把每件事情都看得太過重要，爲它擔憂，爲它難過，爲它徹夜難眠。然而事過境遷，你可能又會發現，那些事情其實都只是你生命海洋裡，不經意激起的漣漪，根本不值得爲它們耗費那麼多心神。

一九四五年三月，太平洋戰爭正進行得如火如荼，一位美國海軍士兵在印度支那半島附近海域的潛水艇上服役。

某晚，潛艇從雷達上發現有一支日本艦隊正朝潛艇的方向開過來，緊急中，潛艇立刻發射五枚魚雷，卻都未命中目標。

眼看著日軍離潛艇越來越近了，潛艇連忙往深海潛去，潛到二百七十六英呎深，並且關閉所有冷卻系統和發電機。

大約三分鐘後，他感到一陣天崩地裂，因爲有六枚深水炸彈在潛水艇四周炸開，炸彈的力量把潛水艇擠到更深的海底。

敵軍仍不罷休，無情的炸彈不停地往水裡投下。整整十五個小時，潛水艇裡的官兵都活在陣陣砲火之中，萬一有某些深水炸彈爆炸的地方距離潛水艇太近的話，潛艇必然會被炸出洞來，他們存活的機率就很渺茫。

這短短十五個小時，他卻感覺漫長得有如十五萬年。人在將死之前，一生的畫面會從眼前閃過，原來這個傳說是眞的；他想起自己過去的生活，想起了自己小時候做過的壞事和以前曾經擔心過的事。

他以前老是擔心自己長得不夠高，沒有錢買房子，沒有錢買車子，沒有錢給老婆買漂亮的衣服，甚至在最珍貴的青春歲月裡，他花了最多的時間在爲臉上的青春痘發愁。

當年，那些自己認爲不得了的大事，此時此刻都顯得那麼微不足道，而他竟然曾花了那麼多精神在上面！

戰爭結束後，這位海軍士兵提及服役期間的點點滴滴時說，在熬過敵軍的攻擊後，他覺得自己徹底改變了，而遭受日軍攻擊的這一天，無疑的就是他的「第二個生日」。

到了生命危在旦夕的關頭，一切過去我們耿耿於懷的小事，幾乎都不再重要，於是我們對生命的意義和境界會有全新的領悟。

當然，現在的生命，正是過去的延續，如果沒有從前的失意與錯誤點點滴滴累積，又怎麼會有今天的成長呢？

就把那些看似重要的小事，當作是生命的足跡。

每件事在發生的時候，我們都會覺得它很重要，卻不能太過執著，凡事適度應對，心情就會輕鬆。

人生苦短，逝去的已經無法挽回，但是，你卻可以改變自己的未來；有什麼事情會比敞開心胸，輕鬆迎接未來更重要的呢？

壞事，來自負面的自我暗示

你相信什麼，你就會得到什麼，把你的心理暗示，用在正面的地方吧！

大文豪以撒．辛格曾經說過：「如果你一再的說『大事不妙』，你倒真有可能未卜先知。」

儘管我們很難不受大環境波及，但是你相信嗎？我們生活中的許多不幸與苦難，其實始作俑者往往都不是別人，而是自己。

若不是你自己一直在「唱衰」自己，那些你不想碰到的壞事，又怎麼會全都找到你頭上來了呢？

小傑一直生活在鄉下，家裡依靠種田維生。

有一天，他在看父親犁田時，突然放聲大哭起來。父親嚇了一跳，關心的摸著小傑的臉蛋，問他究竟怎麼回事。

五歲的小傑語帶哽咽，一邊擦著眼淚，一邊說：「我……我怕旁邊那隻大狗會咬我。」

父親聽了，仔細瞧一瞧四周，小傑所謂「旁邊的那隻大狗」，離他們至少還有兩百公尺遠。

從小到大，小傑都十分熱衷於「擔心」這件事。

要是天氣不好，下起大雨，他就開始擔心會被雷劈死，連家門都不敢踏出去一步。過年時，他擔心領不到紅包，會被其他小朋友嘲笑。

另外，他還怕死後見到閻羅王，閻羅王會叫他上刀山下油鍋。他還怕自己長得不夠帥，將來沒有一個女孩子會嫁給他。

在他稍稍長大後開始下田，心力花費最多的不是農田裡的工作，而是在腦海裡不斷的思索這些讓他憂心的問題。只是，既然它們還沒有發生，小傑也想不到

該如何解決。

日子一年一年過去了，小傑逐漸長大，儘管他所擔心的事情百分之九十九根本都不曾發生，他還是相信會有那百分之一的可能。

「做人不能太鐵齒」，小傑始終遵守這個信條。天有不測風雲，人有旦夕禍福，爲了預防所有的不測，他把所有的錢都藏在家裡的暗櫃裡，認爲這是最安全的地方。

不料某一晚，鄰居家失火，熊熊大火一下子就蔓延到他們家，還來不及搶救，所有的鈔票都已經被燒成灰燼，化爲烏有。

小傑眼看著自己家園變成廢墟，傷心之餘，他嘴裡不斷唸唸有詞說著：「我早就知道！我早就知道！」

我們的周遭有太多這樣未卜先知的悲觀「預言家」，你可以說他們見微知著，也可以說他們杞人憂天，每天窮極無聊地以負面的暗示詛咒自己。

想想看，如果你參加一項賽跑，一開始就斷定自己會輸，那麼，即使你原先跑在最前面，也必定會不時想著自己一定會被後面的人超越。抱持著這種負面心態，你還能有多少勝算？

烏鴉嘴之所以會特別靈驗，就是這個道理。

成功的人一心只想著「我一定要成功」，失敗的人卻滿腦子都是「我一定會失敗」。你相信什麼，你就會得到什麼，沒有一個鐵口直斷的算命師，會比你更能影響自己的命運！

把你的心理暗示，用在正面的地方吧！

人活著，一定要學會「用微笑活在當下」的生活智慧，不要患得患失活在愁雲慘霧之中。

積極樂觀的心態就像黑暗中的明燈，指引著我們走過生命中的各種災難，指引著我們從艱困的環境中步向坦途。只要我們願意帶著微笑迎向生命中的風浪，便能走過生命中那些看似不可承受的低潮。

改變自己才能改變命運

如果想要跑得比別人快，就要把你自己變成一隻兔子；你認為自己像什麼，結果就會是什麼。

在所有的敵人中，我們最容易原諒的就是自己。正因爲我們不願正視自己，不願戰勝自己，才會一味將失敗歸咎於景氣不好、運氣不好。

很多人光會抱怨自己的境遇，卻很少人願意眞正嘗試改變自己的處境，因此跳脫不出所謂的「宿命」。

俄國小說家契訶夫提醒我們說：「人，就是你自己所認為的樣子。」

你一定要相信，你有能力改變自己的樣子。

過年時，莉莉從台北回南部探望小君。

兩個多年不見的老朋友一見面分外熱絡，餐桌上，兩人無話不談，不停高談闊論，聊到興奮處，甚至忘形地大聲喧嘩，引來鄰桌客人的白眼。

在南部工作的小君不斷向莉莉大吐苦水，抱怨自己的工作，例如公司福利不好，薪水不到兩萬五，做了兩年也沒有加過薪；每天坐在辦公桌前，工作內容一成不變，自己都快要變成乾燥花。又抱怨老闆脾氣暴躁，升等制度不公，剛上任的女經理原來跟老闆的弟弟有一腿……

莉莉聽了，覺得又好氣又好笑，擱下筷子，抬起頭對小君說：「既然做得這麼不愉快，爲什麼不乾脆跳槽呢？妳可以試著換換環境啊！」

小君沉默了一會兒，無奈地說：「時機不好，妳又不是不知道。我只有高職畢業，英文、電腦又不夠熟練，哪能找到更好的工作啊？」

莉莉看著老友無精打采的神色，笑著說：「我跟妳一樣，也只有高職畢業啊！

但是我想過，也許現在沒有更好的工作機會，但是幾年後或許會有，所以我即使每天工作十幾個小時，下班後都還去圖書館或上網找資料，補充我的專業知識。」

莉莉接著說：「等到存了一點錢，我還打算去讀夜校，提升自己的競爭力。我每天連吃飯的時間都分秒必爭，一餐飯吃不到二十分鐘。妳啊！一碗飯吃了快兩個小時了，還沒有吃完！」

小君一句話也說不出來，她終於明白自己究竟輸在哪裡了。

眞正的成功者，經常是那些勇於超越自己的人。

也許你沒有顯赫的家世背景，沒有令人羨慕的耀眼學歷，但是，只要你願意面對現實，願意面對自己，進而超越自己，將每一個挫折都當作成功的起點，照樣會有輝煌的成就。

還記得龜兔賽跑的故事嗎？烏龜由於兔子的偷懶，僥倖贏了這場比賽，關鍵不是努力，而是運氣。

如果你到現在還學烏龜的一步一腳印，恐怕你連兔子的尾巴都不一定見得到，因爲大家都從故事裡學到教訓了，哪裡還有這麼笨的兔子？

龜兔賽跑若發生在現實世界裡，烏龜肯定是輸家，那麼，爲什麼你還要當一隻慢吞吞的烏龜呢？

不要存著僥倖的心理，以爲老天爺會無條件地眷顧你，如果想要跑得比別人快，就要把你自己變成一隻勤快的兔子。

沒有人可以改變自己的命運，如果不懂得先去改變自己的話。你認爲自己像什麼，結果就會是什麼。

做好該做的事就夠了

既然你的目標在前方，那就只要盯著它看就好，什麼都不要想，這是最筆直也最快速的一條道路。

大家都知道，兩點之間最近的距離是直線，你有沒有想過，你和成功之間的最近距離又是什麼呢？

通往成功的關鍵不在於走得快，而在於走在直線上。

一對父子走在雪地裡，父親看到不遠處有棵大樹，就對兒子說：「我們來比

賽，終點就是那棵大樹，不過，不是比誰先到達，而是看誰在雪地上跑出來的線最直。」

兒子覺得這是個有趣的提議，興致勃勃答應了。

他一步一步很小心地走著，眼睛不停盯著自己的雙腳，把左腳放到右腳的前面，再把右腳放到左腳的前面；就這樣一點點、一點點的前進，好不容易終於走到大樹旁。

兒子看到父親早已在樹下等他，並不覺得意外，但是當他看到父親走出的腳印，卻大吃一驚。

父親走得飛快，但是走出來的線卻比自己的還直。

原來父親並不像他走得那麼小心翼翼。薑畢竟是老的辣，父親明白要走成一條直線，最有效的方法不是看著地上的腳，而是用眼睛注視著前方的目標。

只要眼睛始終不離開大樹，自然就能不假思索地走成一條直線。

很有效的一個方法，你不妨實驗看看！

美國著名的企業家華納·梅格曾說：「不要問成功的秘訣是什麼，盡全力去做你應該做的事吧！」

成功的道理是不需要多問的，你只要盯著你應該做的事，自然能夠快速地達成你的目標。

相反的，若是你滿腦子只想著如何成功，就很可能被許多錯誤的想法誤導，又怎麼會成功呢？

既然你的目標在前方，那就只要盯著它看就好，什麼都不要想，這是最筆直也最快速的一條道路。

小心幸運變成厄運

幸運也許能讓風筝飛得更高，但是最後的命運，卻還是掌握在懸著它的那根繩子上。

每個人都希望自己是個幸運兒，例如樂透中了獎，路上撿到錢，甚至踩到狗屎，我們都要把它說成是好兆頭，可以去買張彩券試試。

我們總希望能爲自己招來好運，但很少想過衰運也往往是自己找的；所有的不幸在剛開始時，往往我們都以爲是幸運。

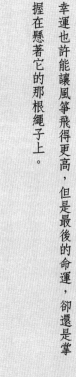

一個窮秀才半夜做了一個甜美的好夢，夢中的他金榜題名，摟著美嬌娘正在洞房花燭。當他得意之際，卻從夢中醒來；他覺得自己眞是太幸運了，老天讓他做了這麼美好的夢，夢中的他要什麼有什麼，多麼逍遙自在啊！

從此以後，他無心攻讀，一有時間就躺到床上，希望能重溫那個美夢。三年過去了，他一事無成，一心只想做夢。

另一個青年在路上撿到一枚鑽戒，高興得合不攏嘴。那顆鑽石足足有鈕扣般大，連這種好事也能發生，可見他是有偏財運的。

此後，他走路時眼睛總是盯著地面，一晃眼四十年過去了，他再也沒有撿到戒指，倒是撿到不少鈕扣。

更遺憾的是，因爲他整天低頭盯著地面，不但一事無成，而且後背也駝了，再也挺不起腰桿。除此以外，他別無所獲。

還一個農夫在田間種地，看見一隻笨兔子橫衝直撞，遇到樹木煞車不及，一頭撞上去死了。他喜出望外，一心以爲天底下竟然有這樣便宜的事情，那又何必繼續種田吃苦呢？於是，他放下手中農具，舒舒服服地坐在樹下等待。

一天、兩天過去了，一個月、兩個月過去了，他再也沒遇上這樣的好事。當他終於決定拿起鋤頭，不再苦苦等待時，他的農田早已經荒蕪了。

有句話說：「少年得志大不幸。」

飛上雲端固然值得人們羨慕，但是霧散了、雲開了，你可能反而會墜入萬丈深淵。所謂的「幸運」，都只是一時的，人生不求一時幸運，但求一生安定。

平平順順，好過大起大落。

一項調查指出，凡是所有曾經獲得大筆意外財富的人，百分之九十會在八年之內恢復原狀，甚至會過得比原先更苦。

幸運也許能讓風箏飛得更高，但是最後的命運，卻還是掌握在懸著它的那根繩子上。如果你不肯努力，那麼幸運到頭來難免會變成厄運！

4
PART

自己的未來，只有自己可以安排

在我們判斷一個人的所作所為時，
應該謹慎，不要使用負面的言語。
讚美和肯定，是讓人成長的養分。

將壓力轉變爲助力

人生會面臨各式各樣的壓力，當你學會調整自己，讓壓力一點一滴而來時，你會發現，壓力反而是一種助力。

大多數人之所以被壓力壓得喘不過氣，通常是因爲不瞭解自己，不懂得自我調適。想要活得自信自在，就必須先檢視自己，認清擔憂、怯懦、怠惰……等等負面情緒產生的緣由，才能以樂觀積極的態度面對詭譎多變的人生。

現代人大都背負著沉重的生活壓力，時常擔心這個，擔心那個，腦海中的憂慮總是永無止境。

面對這麼多的壓力，你該試一試「沙漏哲學」，既然你所憂慮的事不是一時半刻就能改變，你就要用另外一種心情去面對。

二次大戰時期，米諾肩負著沉重的任務，每天花很長的時間在收發室裡，努力整理在戰爭中死傷和失蹤者的最新記錄。

源源不絕的情報接踵而來，收發室的人員必須分秒必爭處理，一丁點的小錯誤都可能會造成難以彌補的後果。米諾的心始終懸在半空中，小心翼翼地避免出任何差錯。

在壓力和疲勞的襲擊之下，米諾患了結腸痙攣症。身體上的病痛使他憂心忡忡，他擔心自己從此一蹶不振，又擔心是否能撐到戰爭結束，活著回去見他的家人。在身體和心理雙重煎熬下，米諾整個人瘦了三十四磅；他想自己就要垮了，幾乎已經不奢望會有痊癒的一天。

身心交相煎熬，米諾終於不支倒地，住進醫院。

軍醫了解他的狀況後，語重心長地對他說：「米諾，你身體上的疾病沒什麼大不了，眞正的問題是出在你的心理。我希望你把自己的生命想像成一個沙漏，在沙漏的上半部，有成千上萬的沙子，它們在流過中間那條細縫時，都是平均而且緩慢的，除了弄壞它，你跟我都沒辦法讓很多沙粒同時通過那條窄縫。人也是一樣，每一個人都像是一個沙漏，每天都有一大堆的工作等著去做，但是我們必須一次一件慢慢來，否則我們的精神絕對負荷不了。」

醫生的忠告給米諾很大的啓發，從那天起，他就一直奉行著「沙漏哲學」，即使問題如成千上萬的沙子般湧到面前，他也能沉著應對，不再杞人憂天。

他反覆告訴自己說：「一次只流過一粒沙子，一次只做一件工作。」

沒過多久，米諾的身體便恢復正常了，從此，他也學會從容不迫面對自己的工作。

接連碰上了倒楣的事，或是對大環境充滿不確定感，壓力就會形成，腦海中也會不斷浮現各種憂慮。要是不改變自己的想法，久而久之，人就會受到消極情

緒主導，陷入愁雲慘霧之中。

人生枯榮交替，沒有永遠的噩運，也沒有永遠的不景氣。憂愁、焦慮、信心渙散都於事無補，你必須把壓力變成助力。

人沒有一萬隻手，不能把所有的事情一次解決，那麼又何必一次爲那麼多事情而煩惱呢？

不能即時改變的事，你再怎麼擔心憂慮也只是空想而已，事情並不能馬上解決；你應該試著一件一件慢慢來，全心全意把眼前的這件事做好。

人生在世，本來就會面臨各式各樣的壓力，當你學會調整自己，讓壓力一點一滴而來時，你會發現，壓力反而是一種助力，只要你按部就班，它就會穩定推動著你不斷前進。

忍得久才是最後贏家

在通往目標的路上，那些風風雨雨是多麼的微不足道，你不需要為它們駐足，更沒必要為它們傷神。

愛爾蘭作家克里斯蒂．布朗曾說：「如果你因為別人的批評、輕視，就自暴自棄，那麼你將永遠站在失敗的這一邊。」

這句話提醒我們不要將別人一時的評價，當成自己的心靈魔咒，而要藉此激發自己的潛力。千萬要切記，越被別人瞧不起，越要努力，才能讓自己揚眉吐氣。

有位哲人曾說：「搬不動的重物，經過忍耐可以變輕。」

想要贏得勝利，就必須學會忍耐。

忍氣吞聲也許看似懦弱，但是卻能成就許多大事，當你放眼遠方，就會發現，在自己眼前的際遇，只不過是世界的一小部分，沒有什麼東西是不可以忍的。

織田信長、豐臣秀吉、德川家康是日本戰國時代的三名英雄霸主。

一次，有個人養了一隻非常漂亮的杜鵑，可惜的是這隻鳥雖然金玉其外，卻從來不曾啼叫。鳥不歌唱就像馬不奔跑一樣，養著也沒有什麼價值，於是，他就帶著這隻杜鵑鳥，向這三個人請教有沒有什麼可讓鳥啼叫的辦法。

織田信長說：「杜鵑不啼，就強迫牠啼。」

豐臣秀吉說：「杜鵑不啼，就誘勸牠啼。」

德川家康說：「杜鵑不啼，就等待牠啼。」

他們的回答正好反映了他們的性格，織田信長個性剛猛暴烈，所以會強迫杜鵑鳥啼叫；豐臣秀吉精於謀略，所以會想辦法誘勸杜鵑鳥啼叫。至於德川家康則以隱忍聞名，所以他沉得住氣，等待杜鵑鳥啼叫。

不僅如此，歷史上有許多故事也對德川家康的「忍功」多所描述。當織田信長開始天下布武，準備肅清「上京之路」的障礙時，曾要求德川家康殺死自己的妻兒，以示忠誠。

德川家康爲了取信於織田信長，二話不說立刻動手，就這樣忍下喪妻失子之痛，忍下不共戴天之仇，連一滴眼淚也沒有流。

織田信長遇刺身亡後，豐臣秀吉接收了他的豐碩戰果。爲了討好豐臣秀吉，德川家康也不惜以尊貴的武士之膝，在衆目睽睽之下，跪在市井出身的豐臣秀吉面前稱臣。德川家康明白雙方實力懸殊，因此忍下了許多常人不能忍的屈辱。

豐臣秀吉去世後，德川家康才得以擊敗群雄，建立歷時二百六十多年的德川王朝，所有曾經受過的痛苦都有了回報，他的成功的秘訣就在一個「忍」字。

我們的人生隨著我們擁有多少熱情而具有多少價值，人想要開創一番志業，就要永遠保持熱情，遇到困境不氣餒、遭遇挫折不小看自己，如此，才能夠用熱情打造自己的璀璨亮麗人生。

當然，要培養忍讓的生活態度非常困難，可是，只要我們轉換心境，看得更高更遠，最後必定能帶著微笑走向自己設定的人生旅程！

英國著名的辭典作家約翰遜曾經說過：「偉大的工作，並不是用力量，而是用耐性去完成的。每天走三個鐘頭的人，七年之內所走過的道路，已經等於繞了地球一周。」

忍耐是一種修養，報復、攻擊的行爲看似勇敢，但是不報復、不攻擊的情操卻更難能可貴。

記住「好事多磨」這句話，在通往目標的路上，那些風風雨雨是多麼的微不足道，你不需要爲它們駐足，更沒必要爲它們傷神，畢竟，只要能走到終點，一切忍耐都是值得的，不是嗎？

堅持走下去就對了

遇到挫折時，不妨想一想，這真的是你所想要的結果嗎？如果再多堅持一下，結果是不是會變得不一樣？

這個年頭，生活壓力越來越大，自殺人口的比率節節升高，受不了壓力而得了精神疾病的人也越來越多。

生存，眞的是這麼困難的一件事嗎？或者只是因爲人們常常預設立場，才把凡事都想得太困難？

哈瑞．艾默生．福斯狄克在《洞視一切》一書中說：「斯堪的那維亞半島人有一句俗話，我們都可以拿來鼓勵自己：北風造成維京人。」

安全舒服、沒有任何困難的生活，無法使人獲得成功。相反的，只有遭逢逆境，卻願意加以克服的人，方能開創燦爛的前景。

有一個年輕人從鄉下來城市裡找工作。十幾天過去了，工作沒找到，身上的錢卻一毛也不剩，山窮水盡之餘，只好準備回家鄉。

在這個五光十色的都市裡他舉目無親，唯一喊得出名字的，是一位報社的記者。這個記者兩年前曾到過他的家鄉採訪，經常鼓勵他趁著年輕，來大城市裡看看。年輕人心想，自己這一趟回去，以後恐怕不會再到城市裡來了，怎麼樣也應該去向這個記者打打招呼，問候一下。

於是，他在離開前去和記者見了一面。

記者聽了年輕人不如意的境況，深深嘆了口氣，接著拿出一張五百元的鈔票對他說：「既然你決心要走，我也沒辦法留你，不過，請你答應我，花完這五百塊再回去。」

年輕人十分感激記者的好意，點點頭答應了。

花掉前兩百塊的那幾天裡，年輕人沿路順手撿了些廢紙、寶特瓶，賣了好幾十塊。繼續花掉兩百塊的那幾天裡，他找了一份兼職工作，在路邊發傳單，又賺了一百多塊。

花掉最後一百塊的那天，他擔任兼職工人，幫一個裝修房子的人家把一堆沉重的花崗石搬上大樓，總共掙得了工資五百元。

就這樣，他花掉五百元的同時又賺了六百多元，花掉六百多塊的幾天裡，他找到一份餐廳送外燴的臨時工。

在送外燴的那幾個月裡，他又認識了一家保險公司的主任，開始與保險接觸，擔任保險業務員。

從事保險業務員的那幾年中，他進步神速，見識到很多他以前連想都不敢想的事物。過了幾年，他存了一些錢，還進了夜校讀書。

他發現只要自己肯努力，五百元也可以變成五千元、五萬元，生活的資本其實源源不絕，他怎麼也無法把五百元花完。

正因爲如此，他再也沒有離開這個城市。

萊布尼茨曾說：「失望有時引起沮喪，有時卻讓人燃起新的希望。」

每個人都有各自的幸福和痛苦，只不過是程度不同而已，誰認爲自己遭受的痛苦最少，誰就是最幸福的人。

只要肯堅持、肯努力，活下去根本不是問題；只要再多付出一些，再多用心一點，要過得好也不是夢想。

人生的路途中，天不從人願的壞事情每天都在發生，但是只要願意向前走，就一定會有路，只是看你肯不肯走下去而已。

遇到挫折時，不妨想一想，這眞的是你所想要的結果嗎？

如果再多堅持一下，結果是不是會變得不一樣？在把你身上的「五百塊」花完之前，永遠不要放棄。

自己的未來，只有自己可以安排

在我們判斷一個人的所作所為時，應該謹慎，不要使用負面的言語。讚美和肯定，是讓人成長的養分。

作家塞爾曾說：「除非經過你本人同意，否則沒有人可以替你決定你自己要過的人生。」

確實如此，每個人的人生，都應該由自己決定，決定之後，就應該竭盡全力實踐，不必在乎別人的眼光。潑冷水是別人的自由，只有你才能決定自己的人生要怎麼走。

被人瞧不起的時候，千萬不要對未來感到悲觀和沮喪，反而要更加努力、更加爭氣，先靜下心來虛心檢討，把這些嘲諷、打擊，當成自己奮發向上的階梯，把眼前的際遇當成是希望來臨之前的曙光。

薇薇從小就對美術非常有興趣，立志要成為一個藝術家，也順利就讀美術資優班。但在高手雲集的班上，薇薇的表現並不出色。

某天，美術老師看了一眼她的作品，直接評斷說：「妳沒有美術天分。」不做任何指導便走開了。從那天起，薇薇對自己再也沒有信心，家人也勸她考一般大學就好了，從此她再也沒有碰過畫筆。

多年後，由於一次偶然的機會，她的隨手塗鴉被一位出版界的資深編輯看到，非常欣賞她的畫風，便請她擔任該出版社的插畫家。

如今，薇薇雖然不是知名的藝術家，卻在出版界小有名氣。

一個人的未來，並不是三言兩語就可以決定的。然而，許多尚未成長、健全的心靈很容易受到他人影響，往往會因為旁人的幾句話就改變自己的未來，這是一件非常可惜的事。

巴爾札克是十九世紀法國偉大的批判現實主義作家，他的小說善於以外形塑造來反應人物的內心世界。他曾聲稱，能根據一個人的字跡判斷那個人的性格並推測那個人的前途。

有一天，一位住在巴爾札克家附近的老太太，拿了一本小學生的作業簿，想請巴爾札克分析作業簿主人的性格。巴爾札克翻了翻作業簿，若有所思地想了想，略帶猶豫地對老太太說：「這個孩子是您的孫子嗎？」

老太太答道：「沒關係，您只管直說好了。」

巴爾札克鄭重其事地說：「這個孩子個性浮躁、任性，而且無心學習，只喜歡玩樂。如果家長不嚴加管教，他的前途將不堪設想！」

老太太聽完巴爾札克的分析並沒有露出憂愁神色，反而忍不住笑了起來，她說：「親愛的孩子，這本作業簿是你孩提時期寫的啊！」

巴爾札克頓時啞口無言。

人類的思想和行爲是息息相關的，負面的暗示會讓一個人失去信心。同樣的，一個人若受到重視，能體認到自己的存在感，自然會往好的方向成長。

或許巴爾札克幼年時期的確是一個浮躁、好動、不喜歡學習的孩子，可是他的未來並不像自己斷言的，「前途不堪設想」。

一個人的生命，會因爲碰上一些小小變化而有所改變，這些小小的變化或許會成爲生命中最關鍵的轉捩點。

在這個社會上有許多自以爲很有歷練的人，常常不加思索就脫口說出否定他人的話，甚至改變了他人的命運。但是，沒有任何人能夠輕易評斷一個人的未來，隨便替他人做決定。

在我們判斷一個人的所作所爲時，應該謹慎，不要使用負面的言語，儘量以讚美代替指責，將負面暗示轉爲正面鼓勵，慢慢引導他走向正確的道路。

讚美和肯定，是讓人成長的養分。

別用想像去擴大恐懼

現實世界的障礙有時還比較可以跨越，想像中的恐懼卻往往無法根除。害怕，是因為你不清楚，一旦弄明白了，也就沒什麼可怕的了。

作家蓋兒．維荷曼曾經這麼說：「把室內的燈打開後，我們不禁懷疑，黑暗有什麼好怕的。」

是的，當你把一切看得清楚明亮時，恐懼自然瓦解，但是萬一缺少了趕走黑暗的這盞燈，你該如何驅除心中的恐懼？

有個國王非常殘忍，不只經常草菅人命，甚至在每次處決死刑犯時，他都將之視爲一種刺激的娛樂，想要不斷嘗試更新奇的花招。

一次，有一位犯人被告知自己第二天將要被處以極刑，行刑的方式是在他手臂上割一個五公分大的傷口，讓血一滴一滴慢慢流，直到他嚐遍痛苦，鮮血流盡爲止。

犯人聽了驚恐不已，要眼睜睜的看著自己的生命流逝，這簡直比五馬分屍更加折磨。犯人百般哀求，但國王卻無動於衷。

隔天一大早，這名犯人被帶到一個小房間中，並被五花大綁，牢牢地鎖在一面牆壁上。牆上有個剛好可以伸進一條手臂的小孔，劊子手把他的一隻手從孔中穿到牆的另一面，讓犯人看不見自己的手。

接著，犯人只感到一陣灼熱的疼痛，劊子手在他的手臂上割開一個洞，並且在地上放了一個瓦罐來盛血。

嘀答……嘀答……鮮血一滴滴地滴在瓦罐中，四周安靜無聲。

牆壁這邊的犯人聽著自己的血滴在瓦罐中的聲音，一會兒就感覺像是過了一世紀那麼長。他覺著全身的血液都朝著那隻手臂湧去，像瀑布一樣，越來越快地流向地上的瓦罐。

不一會兒，他覺得身體越來越冷，意志也跟著鮮血流去了。他手腳發軟，整個人癱了，再掙扎了幾下就死了。

而在牆的那一邊，他手上的那個小傷口早就不流血了。劊子手在靠近牆壁的桌子上放著一個水瓶，那些「滴答滴答」的聲音其實是水瓶中的水，透過漏斗管子滴在瓦罐裡的聲音。

國王這次玩的花招，叫做「心理暗示」。他用強烈的心理暗示，讓犯人自己殺死自己。

《天路歷程》的作者約翰·班揚說過：「碰到變故，開始時我們會楞住，可是過了一段時候，我們便應該學會鎮靜、忍耐。」

確實，鎮定和忍耐，正是我們面對黑暗、恐懼之時的燭火。

現實世界的障礙有時還比較可以跨越，想像中的恐懼卻往往無法根除。害怕，是因爲你不清楚，一旦弄明白了，也就沒什麼可怕的了。

不要抗拒這些恐懼的感覺，想一想，你究竟因何而心生畏懼？有沒有什麼方法可以克服？

如果沒有辦法解決，難道你就要這樣坐以待斃？

如果你暫時壓抑住自己害怕的感覺，勇敢放手去做，你的人生是否會因此而有所改觀？

把室內的燈打開後，黑暗根本沒有什麼好怕的，但是這盞燈，是需要你自己動手去點亮的。

只要有實力，就不怕不景氣

決定命運的，往往不是外在環境的榮衰和瞬息萬變的時機，而是一個人本身的能力和態度。

在這個經濟蕭條、百業頹靡的年代，不少人感嘆自己生不逢時，更有人爲自己的前途憂心忡忡。

在一片失業浪潮中，有的人因此一敗塗地，有的人反而絕處逢生。當機會不來敲門時，你該如何去打開機會的大門呢？

　　有一位留學美國的電腦博士，畢業之後一心想留在美國就業，誰知卻遭逢全球經濟不景氣，各家公司忙著裁員瘦身，除了最基層的人員，幾乎沒有任何職缺。他去了好幾家公司面試，每家公司都以「我們請不起博士」爲由，毫不留情拒絕他。

　　這個電腦博士想了很久，拿著博士文憑去做小職員的工作，自己未免有些不甘心，但是如果不肯紆尊降貴，眼前就只有失業這條路。他左思右想，最後終於拿定主意，與其傻傻地坐在家裡等待時機，不如先求有、再求好，從基層做起，也算是對自己的一種磨練。

　　於是，他決定收起所有的學位證明，以高中學歷的「最低身份」前去求職。

　　不久之後，他就被一家公司錄用爲文書輸入員，雖然這對他來說根本是大才小用，但是他並沒有任何怨言，盡心盡力地把每一件事情做到盡善盡美。

　　不久，老闆注意到這個年輕人不只會打字，對各種軟體也都能應用自如，非一般打字員可以比擬。這時，他才亮出大學畢業證書，老闆對他的吃苦耐勞讚譽有加，立刻給他換一個適合大學程度的職位。

過了一段時間，老闆發現他不只對電腦有研究，還時常提出許多企業經營方面獨到的見解，這是一般大學生所不能及的。這時，他又亮出碩士畢業證書，老闆立刻又把他升上更高的職位。

再過一段時間，老闆還是覺得他比同等職位的人出色許多，便找了個機會對他嚴加「拷問」。

此時，他才拿出博士畢業證書。由於老闆之前就已見識過他的能力，如今又證明他的資歷，當然更毫不考慮重用他。

峰迴路轉，這個電腦博士繞了一大圈，最終還是憑著自己的本事，到達自己想去的目的地。

思蒂恩．羅賓遜與湯姆．柯培特合著的《夢想家的字典》裡提醒我們一件相當重要的事：「如果你想要成功，那麼，就不要盲目聽信別人的話語，不管做什麼決定，都要先妥善地評估自己，先問問自己想做什麼，又具備哪些能力、條

件。」

在我們的生活周遭，充斥著許多活在別人陰影下的人。這樣的人一遇到冷言冷語就產生負面心理，一覺得自己不受重視，就開始退縮。遇到危機或不景氣，首先被淘汰的，都是這種心理脆弱的人。

只要有好實力，就不用怕不景氣。

這位電腦博士最難能可貴的地方，不只是他願意把腰彎得比別人低，更重要的是，他敬業樂業，無論扮演什麼角色，都盡忠職守、兢兢業業，因此才能始終表現得那麼出色。

如果機會不對你敞開大門，那麼你就必須自己設法從門縫裡鑽入。

事在人爲，你對每件事的態度都會直接影響你呈現出來的表現，只有最正確的態度，才有最亮眼的演出。

決定命運的，往往不是外在環境的榮衰和瞬息萬變的時機，而是一個人本身的能力和態度。

出點力氣才能抓住運氣

莎士比亞曾說：「只有『貧窮』是不勞而獲的東西。」趁著你還有力氣，趕緊抓住幸運之神的手吧！

有沒有想過，如果想要得到成功，你願意付出哪些代價？

許多人窮苦一生，不努力改變，卻總是埋怨幸運之神不眷顧他們。或許他們比任何人都還要渴望成功，但是願意付出的代價卻少之又少，如此，貧賤一生不是沒有道理的。

幸運之神經常向人伸出手，只是人們大都著眼於眼前的事物，專注於自己的想法，沒有好好把握身邊這雙善意的手……

在一個美麗的村莊裡，某天來了一個衣衫破爛的乞丐，看上去只有三十出頭，長得高頭大馬，非常結實。

這個乞丐每天端著一個破碗，挨家挨戶討飯，居民們只要隨便施捨他一些饅頭或稀飯，他就會頻頻道謝，開心得不得了。

在村莊裡待了一陣子，大家憐憫他四處討飯、無以維生，又看到他塊頭或力氣都非常，一輩子做乞丐未免太埋沒，認爲他花些力氣來打打零工，至少比討飯要強得多。

因此，有人想介紹他去工廠工作，並允諾給他一份足以衣食無虞的工資。

沒想到，這名乞丐竟一口回絕好心人的幫助，理直氣壯地說：「幫人打工掙錢多辛苦啊！不如我這樣每天討飯，不費一點心力就有東西吃。」

只是，他這樣終日在村子裡閒晃，有手有腳卻無所事事，日子久了，居民們看不過去，逐漸再也沒有人願意施捨給他食物，這個乞丐也只好離開村莊，另謀生路去了。

當乞丐到了另一個村莊時，遇見一位老人。這個老人每天傍晚都會到垃圾箱裡去撿垃圾，他是個駝背，使原本就矮小的身軀顯得更加矮小，只有和垃圾箱一般高。

爲了撿到箱子裡的垃圾，他必須把臉緊緊地靠在垃圾箱上，否則手就無法碰到裡面的「寶貝」。

他的臉靠的地方總是藏污納垢，集合整個垃圾箱的「精華」，但是老人卻絲毫不以爲意，往往看著好不容易掙來的「戰利品」，一邊走在回家的路上，一邊盤算著這些東西可以換來多少錢，顯得格外高興。

乞丐看到這一幕，不由得潸然淚下，終於明白從前自己是多麼的幸運。

幽默劇作家蕭伯納曾經說過：「人生有兩個悲劇，一個是缺乏自信，另一個是失去熱情。」

缺乏自信與失去熱情，就等於失去了靈魂。失去靈魂的人，活在這個世上，就只是行屍走肉，就算遇見可能的好事也不曉得把握。

可憐之人必有可恨之處。種什麼因得什麼果，不努力的結果，不只一事無成，更有可能會無法生存。

這年頭很不好混，連做乞丐也是要付出代價的，今日不把握機會好好努力，也許你明日連乞丐都當不成。

莎士比亞曾說：「只有『貧窮』是不勞而獲的東西。」

趁著你還有力氣，趕緊抓住幸運之神的手吧！

先把自己的格局放大

一個人假使底子不夠、見識不夠、志氣不夠，「絕對值」不夠，怎麼可能說翻身就翻身？

居里夫人曾說：「弱者坐待良機，強者製造時機，但是，智者則會在坐待良機和製造時機之前，先做好準備。」

其實，一個人能不能有所成就，只須看他在等待機會的同時，是否做好迎接挑戰的準備。

如果平時不充實自己，不做好應有的準備，即使有一百個機會找上門，你也只能眼睜睜地看著這些機會從指縫中溜走。

富者越富，貧者越貧，舉世皆然。

但你有沒有仔細想過，爲什麼有些人能夠從A升級到A加，有的人卻一輩子只停留在B級，難道眞的是因爲他們的八字不同、名字取得不一樣嗎？

還是因爲A級的人，本身的「絕對值」比B級的人大！

有一天，一名園藝設計師向僱用他的富豪請教：「先生！我看您的事業越做越大，光是您家裡的庭園就比普通人家的房子大上好幾倍，眞教人羨慕。您是一棵根基穩固、越來越茁壯的大樹，而我就像是樹上的一隻蟬，一生都只依附在樹上，連片樹葉都不如，實在太沒有出息了。請您教我一點創業的方法吧！」

這名富豪一向宅心仁厚，聽了點點頭，對園藝設計師說：「好吧！我看你在園藝方面很有才華，經營這方面的事業應該會很得心應手。這樣吧！我的工廠旁邊有塊二萬坪的空地，我們就來種一些樹苗吧！你知道一棵樹苗的成本大約要多少錢嗎？」

「四十元。」

富豪低頭盤算了一下，又接著說：「好！如果以一坪地種兩棵樹苗來計算，扣除道路用地，二萬坪土地大約可以種二萬五千棵樹苗，成本剛好是一百萬元。三年之後，樹苗應該長得和人差不多高了，到那個時候，一棵樹苗可以賣到多少錢？」

「我想，應該可以賣到三千塊吧！」

「那太好了，一百萬元的樹苗成本與當中栽培所需的費用都由我來支付，你就全心全意負責澆水、除草和施肥等工作。這樣三年以後，我們就會得到相當多的利潤，到時我們一人分一半。」富豪認真地說。

不料，園藝設計師卻連連搖頭。富豪不悅地問道：「你是覺得分到一半的利潤還不夠嗎？」

「不，只是我沒做過那麼大的生意，」園藝設計師說：「這麼大的數字，我連想都不敢想，我看還是算了吧！」

某位國際級拳擊選手曾經說過：「當我準備上場的十分鐘之前，我的腦海中只有一個畫面，那就是將對手一拳擊倒的畫面。」

只要做好準備，永遠不怕沒有出頭的機會。「沒有機會」這四個字，通常只是失敗者自我逃避的藉口。一個人如果想成功，就不能在「冷板凳」上怨天尤人，必須先要求自己時時做好上場的準備，如此，「成功」才可能向你報到。

德國心理學家奧肯曾經勉勵是人：「人要耐心追求目標，不斷地進步，在獲取無限的過程中，表現出驚人的成就。」

想要有驚人的表現，就得提升自己的「絕對值」。

有的人一賺是幾千萬、幾億元，一賠也是賠上天文數字的家產，有的人卻始終爲了幾千、幾萬塊錢在搏命，哀聲歎氣過苦日子，兩者之間的差別，就在於他們的「絕對值」懸殊。

更精確的說來，一個人的「絕對值」代表他的眼光、志向、胸襟、氣度，代

表一個人的「格局」。

格局不夠大，就算你把他推上王位，他也不敢稱皇帝，這也是市井小民之所以永遠都只是個市井小民的原因。

一個人假使底子不夠、見識不夠、志氣不夠，「絕對值」不夠，怎麼可能說翻身就翻身？

想要飛上枝頭當鳳凰，得先看看自己具不具備鳳凰的條件。

5

PART

沉得住氣
才能挑對時機

沒有經過時間考驗，

再怎麼精明能幹的人也可能會看走眼；

只有平心靜氣地等待，才能日久見人心；

只有經過光陰歲月的沉澱，

才能過濾掉殘渣，留下精華。

先找對位置，再做對的事

如果你想要學會游泳，那麼在陸地上怎麼努力也沒有用；
如果你想要飛，那麼天空才是你應該去的地方。

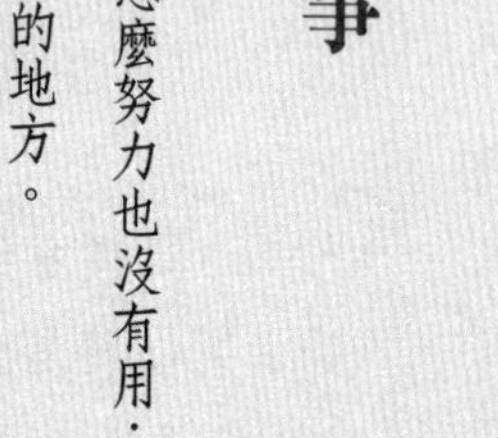

從一無所有到無所不有，幾乎是每個人共同的夢想。

有的人幾乎美夢成眞，有的人卻一輩子都只是在做夢，主要是不知道通往夢想的梯子，是要靠自己親手打造的。

事實上，人生最重要的，就是對未來抱持希望，找對位置做對事。

這是一個富翁白手起家的眞實故事。

很久以前，有一位男子在農場裡工作。

他非常貧窮，一年中幾乎有半年的時間是赤著腳；連雙鞋都買不起，更別說有剩餘的錢買件外套過冬了。因此，他很討厭農場的工作，一心想要做個買賣東西的商人。

他知道如果繼續待在農場裡，這個願望一輩子都只是個夢想。於是，他決定離開農場，騎著一匹老弱的病馬進城，沿路還挨家挨戶地向店舖詢問，想要當個小店員謀生。

然而，他一副不折不扣鄉巴佬的模樣，根本沒人願意僱用他。

在城裡流浪了幾天，他終於找到第一份工作，一家小食品店僱他當店員。不過，由於他完全沒有經驗，所以店裡不發給他工資，僅僅提供基本的食宿而已。

又過了不久，他找到一份布料店的工作，但是老闆認爲他資歷太淺，不夠資格接待客人，還命令他每天大清早到店裡升火，然後清潔店面的裡裡外外，加上洗窗子、送貨，而且半年內不能領薪。

他並沒有爲此感到不公，只是恭敬地表示，他在農場工作了十年，好不容易才存了五十塊美元，這些錢只夠維持三個月的生活費，所以他請求從第四個月開始，每天付他日薪五角以供生活所需。

老闆被他誠懇的語氣打動，答應他的請求，但條件是每天必須工作十五個小時，也就是每小時的工資只有三分錢，還不夠買一塊麵包！

但是，這個男子的事業就這麼開始了。

在布料店辛苦工作一年後，他用借來的三百塊美金，開設一家每樣東西都只賣五分錢的商店，實現他想成爲商人的願望。

十幾年後，他成了全美第一的企業家，建造當時世界最高的大樓，就是位於紐約的伍爾斯大廈。

富蘭克林曾經這麼說過：「希望是生命的源泉，一旦失去了它，生命就會立即枯萎。」

其實，即使一個最困苦、最卑賤、最爲命運所屈辱的人，只要還抱有希望，依然可以讓心中的陽光燦爛，因爲他對自己充滿了信心。

每個人有自己的人生目標和方向，但是在出發之前，你眞的認清自己所處的位置了嗎？

如果你想要學會游泳，那麼在陸地上怎麼努力也沒有用；如果你想要飛，那麼天空才是你應該去的地方。

先找到對的位置，再做對的事。

只要認清自己的位置，種種酸甜苦辣你也就能夠甘之如飴，因爲你知道自己要的是什麼，更知道你自己是誰。

給自己多點鼓勵，到哪裡都是第一

假使你的能力有限，無法做出一番轟轟烈烈的大事，也不用灰心，好好發揮你的專長，就是自己的第一名。

每一個人要能走出自己的路，不管這條路是寬廣或狹隘，只要能通到彼岸，就不必在乎路的大小。

社會上，存在著無形的階級制度，有來自外界的排名，也有自己給自己的排名。相互比較是人們無法改變的習性，也因爲這樣而有了競爭。

最初的成功，不代表永遠的第一，就像跑馬拉松，贏得好成績的人，最開始不一定是跑最快的那一個。所有的競爭只有一個要點，那就是有沒有接受挑戰的勇氣，以及堅持下去的毅力。

一個成績中等的孩子，每次看到隔壁同學輕輕鬆鬆就考了第一名，而自己卻努力了很久才得到第二十一名而已，不禁感到很疑惑，爲什麼自己的成績只能排名中間？

有一次回到家，他認眞地問媽媽：「我是不是比別人笨呢？我上課跟大家一樣認眞聽講，回家也好好複習功課，把作業寫完，爲什麼還是趕不上別人？」

母親聽了孩子的話，心裡很難過，她知道學校的排名制度傷害了兒子的自尊心，也曉得他是眞的盡力了，但不知道該如何回答他。

又一次考試，孩子考了第十七名，隔壁的同學還是得到了第一，回家後他又問了媽媽相同的問題。那時媽媽心裡想著，人的智商的確有高低的差別，能考第一名的天生就是比別人聰明，但是她沒有說出口。

有時候，母親會想說出成千上萬的父母不斷重複的那幾句話：「你還不夠用功，必須多花一點時間在功課上，不要再貪玩了。」

但是她覺得，自己的兒子並非不努力，她不想再增加孩子的心理負擔，因此不斷思索著該如何找到一個好答案。

直到孩子小學畢業，功課仍然沒有迎頭趕上，不過與過去比較，他的成績確實一直在進步。爲了鼓勵孩子，母親終於找到一個完美的答案。

她帶著孩子到海邊，坐在沙灘上觀望著海浪，指著大海對兒子說：「你看那些在海上爭食的鳥兒，當海浪打來時，小灰雀總能快速飛起來，拍個翅膀兩三下就升上天空，躲過海浪的襲擊，但體型較大的海鷗，就要笨拙地花上很長的時間，才能從海面飛上天空。然而，眞正能飛越大海橫過大洋的，卻是海鷗了。」

因爲這個答案，孩子再也不擔心他的排名，努力地求進步，最後以全校第一名的成績考上一所好大學。

聖嚴法師講過一個小故事，小時候，有一次和父親在家鄉的河邊漫步，正巧

看到一群鴨子要渡河，聖嚴法師的父親指著鴨子告訴他：「孩子，你看每一隻鴨子在水面上都游出屬於自己的一條水路。大鴨游出大路、小鴨游出小路，但是，最終牠們都會游到對岸。」

影響一個人最深、最長遠的，就是家庭教育。學校雖然可以傳授知識，卻無法涵蓋所有的生活面，這時候家長就扮演很重要的角色。父母和師長眞正的責任是去了解孩子們的才情，而不是光以成績單、考卷分數來評斷孩子的好壞，應該給予他們多一點欣賞和鼓勵。

假使你的能力有限，無法做出一番轟轟烈烈的大事，也不用灰心，因爲世上的平凡人佔大多數。只要記住天生我材必有用，好好發揮你的專長，就是自己的第一名。不管你落點在哪兒，都是第一名。

把埋怨的力氣化作動力

社會你無力改變，不幸已經發生，想要改變自己的八字只有重新投胎；不如省下埋怨的力氣，用心想想你還能夠做些什麼。

美國勵志作家布魯克斯提醒我：「生活中最大的危機，就是試圖逃避現實。許多事實都證明，越想逃避現實，只會讓你活得越痛苦。」

不論眼前的際遇有多悲慘，你都要選擇勇敢面對，把埋怨的力氣化作前進的動力，試著從失望的谷底發現希望的種子。

天下無難事，只怕有心人。

當你的人生處處碰壁，過得不如意時，不要怨天不要尤人，請先問問你自己，你眞的用盡全力去做了嗎？

約翰剛升上八年級，到明年的這個時候，他就該上中學了。可是所居住的阿肯色市法律明定，黑人沒有上中學的資格。

但是，約翰的母親可不這麼認爲，她下定決心，一定要讓兒子一路讀到大學畢業。她相信只要努力，沒有什麼事是做不到的，既然阿肯色市沒有讓黑人就讀的公立中學，爲什麼不到那些肯開放中學給黑人就讀的城市去？

只是，他們家境貧寒，根本沒有足夠的錢去買火車票，如何到達那些城市呢？母親雖然著急，但是並沒有發愁，她拚了命地工作，無論是替人做飯、洗衣服、打掃，只要有賺錢的機會，她一個也不放過。一整年，她就這樣不分晝夜地工作，爲的只是籌措約翰讀中學的相關經費。

小小年紀的約翰也相當乖巧懂事，每天放學後，會先認眞地把學校的作業完成，然後就去幫忙母親洗衣、燒飯。

日復一日，母子倆共同爲他們的夢想打拚著。

一年很快就過去了，他們的路費依然沒有湊足。

母親對約翰說：「你就一直留在八年級吧！直到我們有足夠的錢到別的城市爲止。」

不少人看到這位母親堅決的樣子，都在背後嘲笑他們的癡心妄想；黑人沒法子上中學書讀是從以前流傳到現在的慣例，每個黑人都是這樣過來的，爲什麼還不認命呢？

況且，讀了書也不一定就保證出人頭地，這個孩子又看不出來有天才般的聰明才智，有必要爲他做這麼大的犧牲嗎？

母親對這些閒言閒語左耳進，右耳出，什麼話也沒有說；她只是努力地工作，努力地賺錢，努力地做她的夢。

又過了一年之後，路費存夠了，母親終於帶著約翰上了火車，迎向她們的夢想……

美國前總統尼克森曾經說過這麼一段話：「對一個人來說，真正重要的，不是他的背景、他的膚色、他的種族、或是他的宗教信仰，而是他對生命是否充滿熱情和希望。」

失敗的人通常有很多「可是」，成功的人心裡卻只有「一定」。

失敗的人心有餘而力不足，他們怪社會、怪環境、怪家庭、怪風水，甚至怪自己的命運，但是，這有用嗎？

社會你無力改變，過去的不幸已經發生，想要改變自己的八字，你只有重新投胎，那麼，倒不如省下埋怨的力氣改變自己，用心想想到了這個地步，自己還能夠做些什麼。

天底下沒有做不到的事，只有那些怨嘆自己做不到的人。

被拒絕未必不能再嘗試

其實，事情根本沒那麼嚴重，一次不行，還有下一次，你離目標只差一哩，何必因此而停下腳步呢？

有些人遭到打擊就自暴自棄，最後和自己的人生目標背道而馳，但是某些人卻把這些不如意當成是老天贈送給自己的禮物，最後開創出嶄新的生命版圖。想出人頭地，就必須調整自己的心態，才能開創迥然不同的未來。

不要害怕遭到拒絕，很多時候，要試著將別人的拒絕當成鼓勵自己的機會。要是內心患得患失，存有害怕失敗、擔心出糗的消極想法，那麼，最終就會什麼事情也做不成。

被拒絕的滋味當然不好受，但是，每個人一生中，卻總免不了有遭到別人拒絕的情況。

「被拒絕」只是代表這次不行，並不表示你下次不可以再來。想要站上成功的巔峰，最重要的一件事，就是儘管前面有石頭擋路，仍然要往前走。

在那個時代裡，最窮困的莫過於黑人；約翰遜出生在美國一個貧寒家庭中，二十三歲時，他把家裡的家具抵押，借到五百塊美元的貸款，獨自在芝加哥開辦一家雜誌社，作爲事業的起點。

約翰遜出版的雜誌名爲《黑人文摘》，創刊之後銷路不佳，經過一番深思熟慮，他決定集合一系列以「假如我是黑人」爲題的文章，作爲這本雜誌第一次出擊的宣傳。

約翰遜想到，若是能邀請羅斯福總統的夫人來寫這樣一篇文章，不僅對廣泛的大眾十分具有號召力，還可以爲雜誌奠下穩固根基，於是，他就提筆給總統夫人寫信。

過了幾天，羅斯福總統夫人回了信，信上說她太忙，沒有時間寫，但是，她並沒有說不願意寫。

因此，過了一個月，約翰遜又給她寫了第二次信。這次，她仍然以事務繁忙爲由，婉拒約翰遜。

約翰遜並不打算就此放棄，每個月都寫一封信給總統夫人，但她總是回信說連一分鐘空閒都沒有。

約翰遜絲毫不以爲意，他認爲總統夫人的問題只是「現在」沒有時間。他想，如果不斷寫信給她，總有一天，她會有時間的。

幾個月以後，約翰遜在報上看到總統夫人來訪芝加哥的消息，他覺得這是千載難逢的機會，立刻就發一份電報給她，還是詢問她是否願意在這個時候，爲《黑人文摘》寫一篇文章。

總統夫人收到電報時，因爲人在外地，正好有一點餘暇，於是答應約翰遜的請求，把她的想法用文字表達出來。

總統夫人的文章刊登在《黑人文摘》上，使這份雜誌的發行量在一個月內由五萬份增加到十五萬份，約翰遜的事業從此一炮而紅。

美國作家威特勒在《成功的關鍵態度》中告訴我們：「生活中的那些逆境和失敗，如果我們把它們視為正常的反饋來看待，就會幫我們增強免疫力，防禦那些有害的反應。」

在別人斬釘截鐵說「不」之前，任何回答都不代表真正拒絕，那只是「很困難」、「需要時間」、「以後再說」……等等之類的意思。

只是，我們總是在心裡，自行把它翻譯成「不」，把「不順利」的感覺擴大成「挫折」，再把「挫折」的感覺渲染成「絕望」。

仔細想想，情況是不是這樣呢？

其實，事情根本沒那麼嚴重，一次不行，還有下一次，你離目標只差一哩，何必因此而停下腳步呢？

沉得住氣才能挑對時機

沒有經過時間考驗，再怎麼精明能幹的人也可能會看走眼；只有平心靜氣地等待，才能日久見人心；只有經過光陰歲月的沉澱，才能過濾掉殘渣，留下精華。

大家都知道欲速則不達，但是，在這個講求速度和效率的年代，快和慢之間的分寸難以拿捏，到底什麼樣的速度，才能抓住最恰當的節奏？

公司裡調來一位新主管，據說是非常能幹的人才，專門被派來整頓部門業務。

大多數同事都非常高興，希望在新主管帶領下，有一個嶄新的開始。

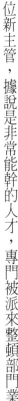

可是，主管上任以後，日子一天天過去，卻毫無作爲，沒有一點動靜，甚至幾乎不邁出辦公室一步。

「這哪裡是能幹的人才？分明是個鄉愿的好好先生！」原先抱著期待的同事們漸漸開始失望了。

沒想到四個月以後，新主管卻在一天之內，發了瘋似地，把那些工作成績不上不下的人一律革職，再把表現優異的人一一擢升。

事先沒有警報，事後也沒有撫慰，人心爲之惶惶，大家開始全心投入工作，不敢有一絲怠慢。大家都知道，這個新主管不是好惹的，他表面上不說，暗地裡眼睛卻睜得比誰都亮。

年終聚餐時，新主管說了個故事給大家聽，他說：

「我有個朋友，買了一棟門前有大庭院的房子，一搬進去，立刻就把院子裡的雜草野樹一律清除，改種自己新買的植物。

有一天，原先的屋主來訪，進門以後大吃一驚，連忙問他：『那些名貴的牡丹跑哪兒去了？』

我的朋友這才發現，他竟然把牡丹當野樹剷除了。

後來，他又買了一棟房子，雖然院子很亂，但他卻按兵不動。

果然，冬天時以爲是雜樹的，在春天開了鮮花；春天時把它當成野草的，在夏天開得花團錦簇。一直到暮秋，他才眞正認清哪些是對他沒有用的植物，哪些是優秀的良木，於是，他去蕪存菁，把雜草一口氣大力剷除，讓所有珍貴的草木都得以保存。」

說到這裡，新主管舉起杯子：「我敬在座的每一位，因爲你們都是這家公司裡面，經過試煉還能保存下來的珍木。」

法國文豪巴爾札克曾經寫道：「因為情緒而行事，只會莽撞草率地毀壞自己，應該讓心情冷靜下來，讓自己的頭腦更加清醒。」

匆忙做下的決定難免會有疏失，欠缺時間沉澱，往往讓人失去理智。

凡事必須三思而後行，以免做出讓自己後悔的蠢事，因爲，粗魯和草率的決定，都是那些失敗的傻瓜的共同特徵。

沒有經過時間考驗，再怎麼精明能幹的人也可能會看走眼。

只有平心靜氣地等待，才能日久見人心；只有經過光陰歲月的沉澱，才能過濾掉殘渣，留下精華。

太早吐氣會不小心洩了氣，太晚吐氣又變成了馬後炮。

不論做人做事，沉得住氣都是相當重要的一門功夫，最好的時機，是在繁花開盡，卻又還未凋零時。

即使輸了，也要處之泰然

人生無法每一刻都如日中天，你只能珍惜輝煌的時光，在階段性落幕時盡可能走得毫無遺憾。

輸掉某些競賽之後，我們經常自欺欺人的說：「比賽的結果不是那麼重要，重要的是比賽的過程。」

如果輸贏眞的不重要，那麼比賽還有多少存在價值？輸贏很重要，比你以爲的都還要重要，因此，如何面對輸贏，也是非常重要的一門學問。

法國文豪雨果曾說：「正因為人生存在著挫折，我們才會找到生命的轉折，因此，應該把挫折當成鼓舞自己前進的力量。」

遭遇挫折的時候，千萬不要選擇逃避或躲開，而要勇敢面對它，試著和挫折打交道。其實，只要是人，都難免遭遇到困難和挫折，重點在於你是否懂得把它變成生命的重大轉折。

每個人都會遭遇失敗挫折，都有遭人看輕的時候，一味自怨自艾非但於事無補，也會讓你更加讓人瞧不起。唯有努力找出自己的優點和長處，才能激發自己的潛力，締造誰也想像不到的奇蹟。

前重量級拳王傑克·登普西曾經蟬連好幾屆冠軍，但是最後，他還是把拳王的頭銜輸給西尼。

事後，他對朋友說出他打敗那一仗的感受：

「在拳賽進行過程中，我忽然發現我變成一個老人，畢竟我已經在擂台上打滾好多年了。到第十回合終了，我雖然還沒有倒下去，可是也只差一點點而已。我的臉已經腫起來，身上有很多處傷痕，兩隻眼睛瞇成一線，幾乎無法睜開，有好幾個西尼在我眼前不停晃來晃去。

我看見裁判員舉起西尼的手，宣布他獲勝；那一秒鐘，我了解到，我已經不再是世界拳王。

比賽結束後，我在雨中落寞走著，穿過人群回到自己的休息間。一路上，有些人擠過來想跟我握手，另外一些人的眼睛裡含著淚水。只是，我像個遊魂一樣，已經沒有任何一點感覺。

一年之後，我又跟西尼比賽一場，本來以爲可以藉這場比賽一雪前恥，奪回我拳王的寶座，但是一點用處也沒有，我再次敗在西尼手下。我知道，屬於我的時代已經過去了，我就這樣永遠地完了……

要自己完全不去想這件事情實在很困難，說不在意是騙人的，但是，我一直對自己說：『我不打算生活在過去，我要能承受這個打擊，不能讓它把我打倒。』雖然我已經不是世界拳王，但是我還是我，我知道自己仍然可以過得很好。」

古羅馬思想家塞內卡曾經提醒世人：「打敗別人並不值得稱道，值得稱道的是打敗自己。」

在許多競賽中，成功與失敗往往只有一線之隔，勝負的關鍵就在於你是否能打敗自己患得患失的心理。

「我輸了，但是我的人生還是要繼續。」

眞正的贏家不是每場比賽都旗開得勝的人，也不是永遠都能擊敗對手的人，而是即使輸了，也都還能夠處之泰然的人。

從高峰走下坡，是漫長艱辛的一個過程，你要忍受別人的指指點點，更要承受對自己一次又一次的失望，但是，每個人都會有這麼一天。

人生無法每一刻都如日中天，你只能珍惜輝煌的時光，在階段性落幕時盡可能走得毫無遺憾，然後繼續自己不再豔陽高照的人生。

雖然你不再是第一，但是你還是你自己；除了少了一些榮耀，你並沒有失去什麼。

對準目標，集中力量

壓力等於重量除以面積，花費同樣的力氣，面積越小效果也就越大。集中你的力量，你命中目標的機率才會更大。

同樣的條件，同樣的大環境，爲什麼就是有人跑得比你快，成績比你好，成功得比你早？

你們的裝備、資源都一樣，付出同樣的時間、精力，收穫卻大相逕庭，差別究竟在哪裡？差別就在於，他看到的世界和你不一樣！

一位父親帶著三個兒子到草原上獵殺野兔，他們走了好久的路，終於到達目的地，然後又花了一些時間，把一切準備妥當。

開始行動之前，父親向三個兒子提出一個問題：「我們來這裡的目的是打獵，請問你們看到了什麼呢？」

老大率先回答：「我看到了藍天白雲，我們握在手裡的獵槍、在草原上奔跑的野兔，還有一望無際的綠地。」

父親搖搖頭說：「不對。」

老二想了想，回答得更加謹慎：「我看到了爸爸、大哥、小弟、獵槍、野兔，還有在我們眼前的這片大草原。」

父親又搖搖頭說：「不對。」

至於老三的回答只有短短的一句話，只見他用堅定的語氣對父親說：「我看到了野兔。」

此時，父親終於笑著說：「你答對了！」

如果你的目標是野兔，那就只需瞄準野兔，掌握時機，扣下板機。周圍的事物根本不值得你花一絲一毫的心力，只有野兔才是你的目標，不是嗎？

一般人常常犯的一個錯誤，就是容易被其他事物分散注意力。想要用功讀書，卻忍不住把玩一下桌上的筆；想要趕快登上山頂，卻又一邊走一邊留意沿路的風景；想要成功，但是又覺得錯過一些娛樂太可惜。

所以，同樣的裝備、同樣的資源、同樣的時間和力氣，爲什麼你總是落後人一大截？現在你知道原因了吧！

壓力等於重量除以面積，花費同樣的力氣，面積越小效果也就越大。集中你的力量，你命中目標的機率才會更大。

製造需要，讓魚上勾

想要釣到一條大魚，你不能只是傻傻地坐在那裡等著收竿；更重要的是製造牠對魚餌的需求。

成功就像是水池中的魚，只要你用對魚餌，想要魚不上勾也難。只是，每一種魚喜歡的魚餌各不相同，你究竟要如何才能一一滿足牠們的需求呢？

有一個推銷員號稱他能賣出任何東西，他曾經賣給麵包師傅一個蛋糕，賣給聾子一台音響，但是有個人告訴這個推銷員說：「那些都不算什麼，除非你能賣給熊一個防毒面具，你才算是最優秀的。」

於是，推銷員不遠千里來到熊居住的森林裡。

「您好！」他對遇到的第一隻熊說：「這個品質優良的防毒面具一定會非常適合您。」

「這裡的空氣那麼清新，我要防毒面具做什麼！」熊聽了哈哈大笑，非常不屑的說。

「但是，活在這個恐怖的時代，每個人都有一個防毒面具，如果你沒有，就表示你落伍了。」

「管他什麼落不落伍，我又用不著。」

於是，推銷員留下自己的名片後，就禮貌的告辭了。幾天以後，他在熊居住的森林中央建造一座工廠；當工廠建成以後，有毒的廢氣從大煙囪中緩緩升起，搞得周遭一片烏煙瘴氣，即使樹木們再怎麼努力的進行光合作用，也比不上空氣被污染的速度。

不久之後，這隻熊就主動來到推銷員的住處，對他說：「現在我需要一個防毒面具了。」

「能爲你服務是我的榮幸。」推銷員很高興地把防毒面具賣給了熊。

常常有人納悶地問：「我用的釣竿、魚餌都是最好的，爲什麼魚群就是不上勾？」

這個問題其實很簡單，因爲魚還不餓。

想要釣到一條大魚，你不能只是傻傻地坐在那裡等著收竿，更重要的是製造牠對魚餌的需求——不只是牠需要什麼，而是你要使得牠需要。

聰明人的人生之所以精采非凡，除了持續挑戰自己之外，更重要的是，他們懂得因勢利導，不斷在困劣的局勢中創造奇蹟。

不管遇見什麼棘手的事，只要你拋開僵化的思維，設法從製造需求著手，就可以順利達成自己的目的。

沒找到機會前別亂衝

橫衝直撞的向前走並不會通往成功，當你用心去欣賞沿途每一幕景色時，你反而能選中一條全新正確的路。

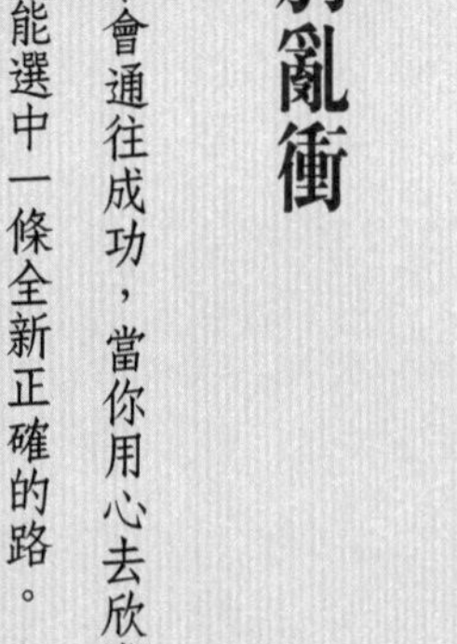

好事人人愛，每個人都盼望機會從天而降，問題是當機會從天上掉下來時，你有沒有把握能抓得住？

不要老是說自己運氣不好，別人不給你任何機會，更多時候，不給你機會的人，事實上正是你自己。

有一位作家寫過這麼一則饒富寓意的小故事。

一個二十出頭的小夥子匆忙地在路上行走，走得相當專心，對路旁的風景與過往的行人完全不屑一顧。突然之間，有個人在路旁攔住他，輕聲問道：「年輕人，你走這麼快做什麼？」

小夥子頭也不回，繼續飛快地向前奔跑著，只是在越過這個人身邊時，冷冷丟下一句：「別擋我的路，我正在尋找機會。」

轉眼間，二十年過去了，小夥子變成中年人，臉上多了些滄桑，但是腳程不減，依然在路上行色匆匆。有一天，路上又有一個人攔住他，問道：「喂，你走這麼快，究竟在忙些什麼呀？」

「別擋我的路，我在尋找機會。」他還是連眼睛也不抬一下。

又二十年過去了，這個中年人已經變成老人，看起來面色憔悴、目光呆滯，明明已經步履蹣跚，卻還是拚了老命似地，在道路上盡可能快速地移動他的雙腳。有一天，一個人擋住他的去路，問道：「老人家！這麼多年了，你還在尋找你的機會嗎？」

「是啊！你怎麼知道？」

當這名老頭說完這句話後，抬頭一看，不禁猛然一驚，眼淚一行行撲簌簌地掉了下來。

原來，剛才跟他說話的那個人，就是機會之神的化身。他尋找了一輩子，機會之神其實就在他的身邊，是他自己一直把機會推開，叫他不要擋住自己的路。

如果你像故事主角一樣，一直這樣匆匆忙忙、莽莽撞撞地走在人生道路上，你又怎麼能看到幸運之神在對著你招手？又怎麼能撿到地上閃閃發光的希望？

你遇到的只會是一堆惱人的壞事。

橫衝直撞向前奔走，並不會通往成功，相反的，當你仔細注意每條彎路，用心去欣賞沿途每一幕景色時，反而能冷靜選中一條全新而正確的道路。

因爲，你的每一腳都踏得紮實，每一步都走得穩健，因爲，你把握了一路上的點點滴滴。

6
PART

沒有起步，就不會有進步

許多人拒絕進步，
總是用盡各種藉口，
連「起步」的機會都沒有了，
更遑論「進步」？

只要有夢想，就有圓夢的希望

圓夢是為了成就自身的圓滿，但追夢過程可能遭遇的風險，必須是你承擔得起的。

幽默作家林語堂曾勉勵我們：「人生有夢，築夢踏實。」

每個人都有自己的夢想，只是到頭來，許多人都只會怪生活磨蝕了夢想，卻從不責怪自己爲何不踏實築夢。「美夢成眞」這句話，也許聽起來很遙遠，但永遠不會嫌遲，晚來總比不來好，成功是沒有時間表的。

海倫十四歲時就夢想成爲作家，但沉重的經濟壓力使她像一般人一樣，過著勞碌奔波的生活，從來沒有創作過任何一部作品。到了五十歲時，好不容易卸下生活的重擔，她才有機會對自己的人生做全新的規劃。

海倫加入一個寫作團體，開始嘗試寫作，並將自己的第一部懸疑小說寄給三家出版社。

結果，她收到三份退件。海倫仍不死心，又將書稿寄給三十三家代理商，只是這三十三家代理商同樣寄了三十三份退件給她。

他們客套地稱讚海倫頗具創意，但是從事寫作，光有創意是不夠的，言下之意，他們認爲海倫除了創意之外，一無可取。海倫並不爲此感到挫折，她很高興聽到來自四面八方的意見，而虛心地把這一切都看成學習的機會，讓自己知道在哪些方面比較缺乏，在哪些部分需要加強。

憑著對寫作的熱情，她參加一個犯罪調查和辯論技巧的研習班，開始收集有關犯罪事件的文章，並經常請教犯罪專家，從中汲取各種經驗。

經驗使人成長，海倫內心累積的能量越來越多，也受到許多啓發，並把各種零星事件串連起來，開始構思故事。

後來，海倫帶著完成好的前半部作品參加一個作家會議，與會之前，海倫用心調查每位代理商的背景，並決定把書稿交給其中最具潛力的一家。

這一次，代理商沒有支支吾吾，看完海倫的小說，只問了一個問題：「妳想要多少稿酬？」

海倫想了片刻，大膽地提出一個足以令她安心寫作兩年的價錢：「十二萬美元。」

代理商欣然同意。於是，海倫出版了她的第一部小說《鹽的世界》，當時她已經五十二歲了。

大文豪雨果曾經說：「因為世界上存在著失望，因此，希望才會成為人類最偉大的鼓舞力量。」

不怕別人瞧不起，就怕自己不努力。人必須對未來充滿希望，無論遇到任何

困境，只要心中還抱持堅決的希望，事情就會往美好的方向發展。

人只要還有夢想，無論到了什麼年紀，都還有圓夢的希望。

放棄夢想可能會有揮拂不去的遺憾，但是，不顧一切地全力圓夢，也可能會有慘痛的意外發生。

到了一定的年紀，你實踐夢想的步伐，也應該隨著年齡增長而更成熟穩健。所謂的夢想，可以是默默耕耘，不一定要放手一搏；可以是腳踏實地，不一定非得一步登天。

你已不再年輕，萬一輸了只會一敗塗地，連翻身的機會都沒有。

圓夢是爲了成就自身的圓滿，但是追夢過程可能遭遇的風險，必須是你承擔得起的。

拒絕自憐，才能大步向前

人們習慣於憐憫自己，愈是呵護自己，愈是自憐。只要我們在苦難面前永不放棄，一定可以贏得成功和幸福。

有個女孩只要代表班上參加書法比賽，都能抱回大獎來。或許寫得一手好字對其他人來說不算什麼，但是對她而言卻是很難得的事。

她的一雙手臂在意外中嚴重燙傷而肌肉萎縮，胸口也留下大大的傷疤。只要穿短袖運動褲時，甚至可以看到她大腿上那一大片疤痕，那是爲了修補手臂和胸口的皮膚而割下的傷痕。

「妳還會痛嗎？」有位朋友小心摸著她身上的疤痕問她。

「不，已經不痛了。」她笑著，絲毫不覺得自己與他人不同。

朋友說，回想起當時手指上的觸感，才發現那些凹凸不平的「醜陋」疤痕，是那麼的「光滑」、「嬌嫩」，比起一般人的皮膚來得好摸。

因爲，那是經歷「傷痛」重新長出的另一層「新皮」。

或許「新皮」沒那麼漂亮、平整，卻是經歷考驗而重生的希望；或許沒有那麼靈活，可是它不放棄用全新的面貌挑戰所有可以讓自己成長的機會。

在他八歲那年，因爲一場意外爆炸事故，致使他雙腿嚴重受傷，連一塊完整的肌膚也沒有，醫生甚至斷言他此生再也無法行走。然而，他並沒有因此哭泣、喪志，反而大聲宣誓：「我一定要站起來！」

他在床上躺了兩個月之後，便嘗試著下床。總是趁父母不注意時，拄著父親爲他做的兩根小拐杖，在房間裡練習站立。每一個小小的移動，總是讓他痛到幾乎暈厥，也讓他幾乎被擊倒。

他每一次的練習總會跌得遍體鱗傷，父母心疼得希望他不要再嘗試，但他卻不放棄，堅信自己一定可以重新站起來，重新走路、奔跑。

幾個月後，他的兩條傷腿總算可以慢慢伸展了。他在心底默默爲自己歡呼：「我站起來了！我站起來了！」

他突然想起距離家兩英里的一個湖泊，那裡的藍天碧水是多麼動人，在那兒令人喜歡的小夥伴正在等著他。他暗自決定，要靠自己的力量走到湖泊，於是，他更加頑強地鍛鍊自己。

兩年後，他因爲自己的堅韌和毅力，終於走到湖邊。從此，他又開始練習跑步，把農場上的牛馬當作追逐的對象，數年如一日，無論寒暑都不放棄。

後來，他的雙腿就這樣「奇蹟」般地強壯起來。經過不斷的挑戰和訓練，他成了美國歷史上有名的長跑運動員。

他就是美國體育運動史上偉大的長跑選手——格連·康寧罕。

「爲什麼是我？我怎麼那麼倒楣？」

當人們碰到挫折、傷痛時，總會這樣問上天。可是，我們對生活滿意，感到幸福的時候，卻從不懷疑爲什麼一切那麼美好。

因爲人們習慣於憐憫自己，愈是呵護自己，愈是自憐。碰到不幸時，只會讓自己沉溺於自憐自艾中。

或許環境與人生際遇讓你感到失望，或許你一出生就背負著沉重的包袱，親人離去、失去健康……就連發票中個兩百塊也沒你的份。這些打擊和委屈包含著不同的人生課題，一切都是爲了教導你面對挫折，堅強信心和勇氣。

格連．康寧罕和燙傷的女孩，他們因爲「挫折」，更努力面對生命，而有一番成就。上天給予的「考驗」，都有某些意義存在，只要我們有所體悟，在苦難面前永不放棄，一定可以贏得成功和幸福。

沒有起步，就不會有進步

許多人拒絕進步，總是用盡各種藉口，連「起步」的機會都沒有了，更違論「進步」？

英國作家斯威夫特曾說：「最不願正視自己弱點的人，才是最嚴重的盲人。」

確實，在生命的旅途中，最困難的莫過於正視自己的弱點，正因爲我們不願正視自己、不願戰勝自己的弱點，自然無從發現本身究竟擁有多少潛力，更無法將這些潛力激化爲實力。

社會上有許多殘障人士克服身體的障礙，活出自己的一片天地，但也有的人身體健全，思想行動卻又像是個殘障。

這說明「事在人爲」，人生其實掌握在自己手上，只要你相信自己辦得到，就一定辦得到。

佳佳從懂事起就明顯感受到自己與一般人的不同，她的右手肘以下先天性殘缺，等於只有一隻手可用。

幸好，她有一個很溫暖的家庭，媽媽從來沒有因爲她的缺陷而少愛她一點，總是和顏悅色的告訴佳佳：「凡事妳都要自己動手去做。」

七歲那年，佳佳想吃蘋果，一面哭，一面對媽媽說：「我沒辦法削蘋果，我只有一隻手。」

當時，媽媽正在洗衣服，頭也不抬地說：「回廚房去把蘋果削好，妳的手不是問題。」

過了半個鐘頭，媽媽來到廚房，看見佳佳把蘋果夾在右臂腋窩裡，然後用健全的左手削蘋果。媽媽開心地笑了，鼓勵佳佳：「妳看吧！只要妳肯努力，沒有

一件事情是妳辦不到的。」

一直以來，媽媽都把佳佳當成一個正常的孩子來教導，讓她和一般孩子一樣上學、放學，一樣讀書，一樣寫字，甚至連上體育課也請老師不讓她受到一點特殊待遇。

二年級的某一天，體育老師帶著小朋友玩單槓，輪到佳佳時，她搖著頭說她做不到，她只有一隻手，沒有辦法支撐身體的重量。某些同學看著佳佳驚慌失措的模樣，當著她的面大笑起來。

回到家裡，佳佳傷心地哭了。

媽媽一問明原因，立刻就帶著她返回學校，在空曠的操場上教她玩單槓。

媽媽站在佳佳的身邊，隨時保護她。接著，媽媽讓佳佳用左手抓牢單槓，再用右手臂勾住單槓的另一頭。

整個下午，操場上只有她們母女倆的身影，媽媽陪著佳佳鍥而不捨地練習。

過了幾天，佳佳終於可以在單槓上自由自在地盪來盪去，讓所有曾經嘲笑過她的同學都自嘆不如。

吊單槓只是一件很小的事情，一般人除了童年以外，可能一輩子都不會再用到這項技能，但是，如果連這點小事都無法下定決心去做好，憑什麼能做大事？

許多人拒絕進步，總是用盡各種藉口加以推託，「學這個沒用……」、「我辦不到……」、「這個不適合我……」，連「起步」的機會都沒有了，更遑論「進步」？

任何大的成功，都是從小事一點一滴累積而來的；沒有做不到的事，只有不肯做的人。

想想你曾經歷過的失敗，當時的你眞的用盡全力試過各種辦法了嗎？

殘缺的身體不會是障礙，只有你自己才可能是一個最大的絆腳石。

想太多只會自找麻煩

如果你覺得自己不行，別人又怎麼敢把事情交給你？往往在別人否定你之前，你已經先否定自己了，不是嗎？

面對生命中的各種難題，用不同的角度解讀，往往會得到不一樣的結果，找到全新的道路。

一個人看待問題的方式，往往決定了他的人生高度。成功人士之所以能夠成功，並不在於身處順境展現多麼優越的能力，而是在於感到徬徨迷惑之時，懂得換個角度看世界。

失敗、挫折只是一時，唯有選擇帶著微笑面對，才能替自己創造更多成功的機會。

人生難免會遭遇到許多意外，正所謂「好事多磨」。人生旅途上，始終一帆風順的人根本少之又少，但是在你遇到的種種挫折、挑戰中，你知道哪些是眞正的問題，哪些又是你自己「虛構」出來的嗎？

想把壞事往好的方向發展，最重要的一件事就是「放下自己」。

一天夜晚，在漆黑偏僻的公路上，一個年輕人正開著車經過，不料，汽車的輪胎居然爆了！年輕人下車來打開後車廂，翻遍車子的裡裡外外，卻怎麼找也找不到千斤頂，附近一片荒山野嶺，該怎麼辦才好？

正當他心慌意亂時，看見遠遠有一座亮著燈火的農家。在這個四下無人、鳥不拉屎的深山裡，年輕人縱使心不甘、情不願，也只能移動自己的雙腳，徒步走過去尋求支援。

在路上，年輕人一邊走，一邊不停地想：「要是沒有人來開門怎麼辦？」接著，他又想到：「要是對方開了門，但是沒有千斤頂怎麼辦？」

越往下想，他的推理更深一層：「要是那戶人家有千斤頂，卻不肯借給我，那又該怎麼辦？」

順著這種思路一直想，他越想越覺得：「那戶人家又不認識我，一定不會把千斤頂借給我；對方會想萬一借給了我，我不還怎麼辦？所以他們一定不敢把千斤頂借給我。」

月黑風高，山路崎嶇難行，年輕人越想心情越糟，一邊擔心自己的車子，一邊感嘆著人情淡薄，這個世界究竟是怎麼回事？

當他終於走到那間房子，情緒已經惡劣到極點；敲了門之後，主人剛走出來，他想都沒想，劈頭就是一句：「他╳的！你那個千斤頂有什麼了不起的！」

主人深夜來開門，已經夠緊張的，結果一開了門，馬上無緣無故就挨了一頓罵，「砰」的一聲，趕緊便把門關上。任憑年輕人再怎麼敲門，農戶的主人也不願意再來開門了。

日本心理學家德田虎雄曾經提醒我們：「人與人之間的互動是相當微妙的，散發正面的能量會潤滑彼此的關係，相反的，散發負面的能量，則會讓對方感到嫌惡，導致雙方關係破裂。」

想散發正面的能量，就不要在內心「虛構」種種負面的情況，而要在言行之中展現自己的熱忱及信心。

如果你覺得自己不行，別人又怎麼敢把事情交給你？如果你覺得自己不夠優秀，你又怎麼能吸引到眞正優秀的人來支援你？

往往在別人否定你之前，你已經先否定自己了，不是嗎？

成功的人常在困難中找到機會，失敗的人常在機會中製造困難。如果想要成功，你應該著眼於「你所想要的」，而不是「你所不要的」；世事無常，你怎麼可能預測到每一件意外？

不如意的預測，想得再多也沒有用，不如把注意力集中在你的目標上，你想要什麼，放手去做，沒有「可是」！

事情圓滿比誰對誰錯重要

「忍一時風平浪靜，退一步海闊天空。」即使別人指著你鼻子批評，你也能沉著應付，這就對了！

面對別人的批評指教，你會虛心接受，還是動輒強言辯駁？如果對方的話與事實眞相不符，你會忍不住指正他的錯誤，還是根本不當一回事？

每個人都想證明自己是對的，但是，誰對誰錯眞的很重要嗎？

其實，讓事情朝著自己希望的方向發展，才是最重要的。

一九七〇年代，新力牌彩色電視機剛剛打開門戶，擠進美國市場。新力公司的海外部部長經過深思熟慮，決定選擇美國最具知名度的經銷商馬希利爾公司，作爲開發市場的主攻對象。

部長多次造訪該公司，但是，每次拜訪的結果都一樣，美國人總是直接了當、毫不留情地說「不」。

部長不甘心就此罷休，認爲越是困難越應該挑戰，他一而再、再而三地造訪馬希利爾公司，到了第四次，經理終於願意坐下來和他談一談。

結果，話不投機三句多，馬希利爾公司經理只提出了一句：「你們新力的售後服務太差。」便爲這次的談判劃下句點。

部長並沒有爲此爭辯，一回到辦公室，立刻下令設置特約服務部門，負責美國地區的售後服務，並向消費者保證隨傳隨到，一定在第一時間內滿足客戶的需要。這下子，馬希利爾公司應該無話可說了吧？

豈知，第二次見面時，馬希利爾公司經理又以「新力在本地的形象不佳，知名度不夠，不受大衆歡迎」而拒絕經銷。

這分明是欲加之罪何患無詞，但是部長一點也不在意，不慌不忙地舉出新力彩色電視機的優點，最後誠懇地說：「我三番兩次、千里迢迢的來這裡見您，固然是以本公司的利益爲出發點，但也同時考慮了貴公司的利益。每一家公司都不想做賠本的生意，我們當然也不會貿然嘗試；相信我，新力彩色電視機一定會成爲你們的搖錢樹。」

馬希利爾公司經理被部長的誠意打動，最後終於勉強同意代銷兩台彩色電視機試試看。

這兩台彩色電視機才剛擺到架上，不到一個下午就賣出了，之後的一個月內，一共賣出了七百多台。三年後，新力牌在美國地區的市場佔有率高達百分之三十，而且銷售量持續增加。

赫胥黎說過：「重要的不是誰對，而是什麼才是對的。」

你是不是那個「對」的人，一點都不重要，重要的是，你能不能達到自己想要的結果。

爲了逞口舌之快，爲了一時的意氣之爭，而和你的上司、客戶撕破臉，就好比以卵擊石一樣，破掉的一定是雞蛋，你又何必不自量力呢？

記住，一味爭執只會削弱你的價值，更會突顯你是個不知輕重緩急、不知問題核心的蠢人。事實上，很多人就是因爲喜歡爭辯的壞習慣，一再丟掉工作，卻還搞不清楚問題在哪裡。

忍一時風平浪靜，退一步海闊天空。即使別人指著你鼻子批評，你也能沉著應付，努力達到這種境界就對了！

反擊別人不如充實自己

你傾盡全力不是在為了證明別人是錯的，而是要證明自己是對的；要改變自己還是改變別人，應該是再清楚不過了。

作家毛姆曾經寫道：「一經別人打擊，就喪志失意，甚至放棄努力的人，永遠是個失敗者。」

人最常犯的錯誤就是，就是拿別人的評價來增添自己的困擾，消耗寶貴的時間和精力，久而久之，不但跟著別人的步調走，讓活在苦惱之中，還使自己變得越來越缺乏自信。

日常生活中，我們常常遇到一些專門和別人作對的人，總是把別人批評得一無是處，他本身卻可能更糟糕。

如果你身強體壯，甚至可以單憑一隻手指頭就把他擊倒，但是別這樣，絕對還有更好的辦法……

惡馬自有惡人騎，你又何必和那些不知天高地厚的笨蛋過不去？笨蛋糾纏不清的功力，往往超乎你的想像，與其浪費精力反擊對方，倒不如節省時間多多充實自己，那才是對自己真正有幫助的。

成功學大師戴爾．卡內基剛開始拓展事業的階段，經常在全國各地巡迴演講，舉辦一些成人教育班和座談會。

某次的活動裡，來了一位紐約《太陽報》的記者，後來在報導中卻毫不留情地攻擊卡內基和他熱愛的工作。

這對年輕氣盛的卡內基來說，不只是一桶潑在頭上的冷水，簡直是一桶惡臭難當的餿水。

卡內基看了報紙，越想越火大。這些文字侮辱到他的人格、他的理想，以及他全心全意專注的事業，根本是這個記者刻意扭曲事實。

氣急敗壞之下，卡內基馬上打電話給《太陽報》執行委員會的主席，要求刊登一篇聲明，以澄清眞相。

是可忍孰不可忍？卡內基當時只有一個念頭，就是一定要讓犯錯的人受到應得的懲罰。但是，幾年之後，卡內基的事業規模越來越龐大，不禁爲自己當時的幼稚行爲感到慚愧。

因爲，他直到這時才體認到，當時氣沖沖地發表自己的文章，想要藉此昭告天下、澄清事實，但是實際上，看那份報紙的人也許當中只有二分之一會看到那篇文章。看到那篇文章的人裡面可能有二分之一會把它當成一件微不足道的小事，而眞正注意到這篇文章的人裡面，又有二分之一會在幾個禮拜之後，把這件事忘得一乾二淨。

如此一來，刊登這篇文章有什麼作用呢？

經過這層思考，卡內基的處世態度更爲成熟，他明白一個道理：「在你的能力範圍內，盡可能做你應該做的事，然後把你的破傘收起來，免得任意批評你的雨水順著脖子向背後流下去。」

面對別人的批評指教，你可以回敬同樣的「禮數」，這也許會使你的怨氣宣洩，但是卻不會讓你有更好的名聲，也不會讓事情往好的面向發展。因爲，當你反擊對手，平反自己時，你還是同一個你，根本沒有一點進步；喜歡你的人依然喜歡你，不接受你的人還是不接受。

這就像生氣地把一塊大石頭丟進海水裡，只會有一瞬間的水花，轉眼卻又風平浪靜。

如此，那些處心積慮的小動作又有什麼意義呢？

事實上，你傾盡全力不是在爲了證明別人是錯的，而是要證明自己是對的，那麼要改變自己還是改變別人，應該是再清楚不過了。

後退，是爲了擴大自己的視野

一朵花的香味如果只留給自己欣賞，別人又怎麼會有機會喜愛這朵花？要證明自己是香的，先決條件是要讓別人聞得到你的芬芳。

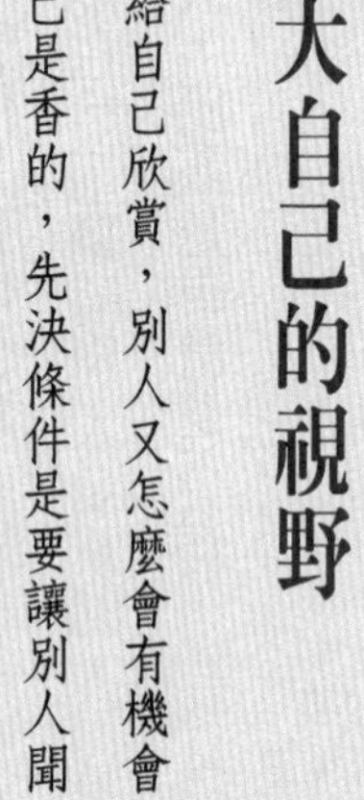

如果你只是一直盯著某個特定目標看，眼中將容不下其他事物，也看不到通往目標的那條路。

想讓好事發生，首先要充滿自信，然後試著後退一點點，當你的視野更大了，如何達到目標的方法，反而會更加清楚。

人必須試著賞識自己，同時對自己充滿信心，把恐懼、畏縮、自卑……等等壓迫自己的負面想法拋棄。自信的神奇之處就在於，你嘗試著改變自己的同時，

事情也會奇妙地朝著你的願望改變。

艾莉是個愛做夢的女孩子，從小，她就時常幻想在一個宏偉高大的教堂裡，和英俊瀟灑的白馬王子結婚，從此永浴愛河、白頭偕老。

隨著年紀的增長，離她實現夢想的日子也越來越近；漂亮的教堂找到了，雪白的婚紗看好了，可是她朝思暮想的白馬王子卻遲到了。

艾莉一直沒有任何追求者，眼看著和她差不多年紀的姑娘們都先後成家，自己卻可能將變成一個沒有人要的老姑婆，艾莉的心情比熱鍋上的螞蟻還要著急。爲此，她找到村裡一位頗有名望的老教授幫忙。

老教授在了解她的心事之後，告訴她：「妳的心情我很了解，只是緣分未到，妳急也沒有用。不如這樣吧！我家要在下星期六舉辦個晚會，但是我妻子一個人忙不過來，如果妳願意的話，就過來幫忙她招呼客人，先練習做個主婦怎麼樣？」

艾莉答應了，老教授繼續說：「那麼明天一大早，妳先去買一套新衣服；記得不要自己挑，妳只要問問店員的意見，然後照她的建議購買。接著，妳去做個頭髮，一樣完全按照設計師的意見做，多聽聽專家的話總是有益的。當天晚上來我家的客人會很多，但是彼此互相認識的卻不多，妳要負責主動招呼客人，而且要代表我來歡迎他們，妳明白嗎？」

到了星期六這天，艾莉穿著大方得體的禮服，頭髮梳得高雅端莊，來到老教授的家中。

她溫和有禮，克盡職責，笑容可掬，態度親切，一心只熱忱的招待客人，完全忘掉自己的心事，像一隻翩翩起舞的蝴蝶，穿梭在客席舞池之間，吸引許多人的目光。

那個晚會之後，艾莉的名聲傳遍整個村莊，每個人都對她讚譽有加。還不到一個禮拜，就有三個年輕人熱烈地追求艾莉，她終於從中挑選到一位自己夢寐以求的白馬王子。

俄國作家車爾尼雪夫斯基曾經這麼說：「誰要是希望好事發生，他就得自己動腦筋，自己用行動去達成，任何人都代替不了他。」

艾莉一心想要找到白馬王子，卻忽略「如何才能找到」，只活在自己的世界裡，陪伴她的當然只有自己。

但是，當她放下自己的目標，轉而將心力放在服務別人時，她所散發出來的氣質反而更吸引人，世事往往就是這麼奇妙。

一朵花的香味如果只留給自己欣賞，別人又怎麼會有機會喜愛這朵花？但是，當眾人皆聞得到它的香氣時，它一定能贏得大家的歡心。

同樣的道理，你要證明自己是香的，先決條件就是要讓別人聞得到你散發出的芬芳。

心胸放大，才能爬得更高

站在底下羨慕別人爬得高，不如自己努力爬得更高。如果一直盯著井底，你又怎麼會看得見外面的天呢？

文壇大師白先勇曾說：「命運異於常人時，你只有去面對它，並接受，若一味逃避、怨憤、自憐，都無法解決你的難題。」

人生不可能盡是坦途，失敗受挫在所難免，我們該做的是藉著這些來自環境的折磨，不斷累積自己的實力，而不是動輒和別人做比較。

「人比人，氣死人」，因爲喜歡比較，在一般人的眼中，自己沒有的往往多過於自己擁有的。

我們羨慕別人、埋怨老天爺不公平，其實這都只是來自酸葡萄心理；時間會讓你知道，今日你羨慕的東西，其實是多麼微不足道。

一位留學美國的學生記錄下了自己的心路歷程。

從小到大，他的成績一向名列前茅。由於小學成績優秀，在父母的苦心安排下，他進入私立的明星中學。

漸漸地，他發現自己不能再像小學時那樣，隨便翻翻課本就穩拿第一了；中學有了升學壓力，一個比一個用功，一個比一個熬夜，讀書讀得更晚，所以儘管他一再努力，都無法恢復從前鶴立雞群的出色程度。

沒有功課成就上的優越感，他開始忿忿不平，嫉妒比自己功課好的同學用的筆都是日本進口的，自己卻沒有，他想老天眞是不公平啊！

他把悲憤化爲力量，每天埋首於書堆中苦讀，幾個學期下來，終於以全校第一名成績畢業。

但他仍然覺得，人與人之間始終還是不平等的，爲什麼自己沒有日本進口的筆可以用呢？

中學畢業後，他考上台北一所大學，可是好景不常，班上全都是來自四面八方的英雄好漢，他這時的成績居然連中等也排不上。

看到台北本地的同學所用的文具大都是原裝進口，不小心弄丟也絲毫不可惜，而且每天早上吃奶茶三明治，讀書讀到十一、二點時再吃個魯味、鹽酥雞當宵夜；想想自己，離鄉背井又經濟拮据，早上一個饅頭捨不得吃完，留一半到晚上再吃。「公平」這兩個字，又該從何談起呢？

一直到五年後，父母用盡所有積蓄送他到美國留學。到了美國，他親眼看到五光十色的浩瀚世界，所有的嫉妒、自卑、怨恨忽然一掃而光。

他看到的不再只是自己的同學、同事和鄰居，而是整個世界，他明白自己不是要和周遭的人比較，而應該要和全世界比較；而且比上不足，比下有餘，自己已經算很幸運了，不是嗎？

奧地利作家茨威格在談論大航海家麥哲倫的功績時，曾經說：「人生最大的幸福，就是讓自己的心境保持平和安靜。」

這是因爲，一個人的心境倘若無法保持平和安靜，就會自尋煩惱，讓自己的心靈充滿不必要的負擔。

站在底下羨慕別人爬得高，不如自己努力爬得更高。

像井底之蛙在井底看世界，你會爲了一隻蚯蚓、一點泥巴而斤斤計較，老是讓自己寢食難安。

直到有一天走到外面，你看到天空的浩大，才會知道從前的視野是多麼狹小，那一丁點東西，根本不值得你羨慕，更不值得你忿忿不平。

如果一直盯著井底，你又怎麼會看得見外面的天呢？這個世界如此廣闊，只要你試著把心胸放大，就算某些東西曾經重於泰山，但是對今天的你來說，都將只是輕如鴻毛。

流過眼淚，笑容更甜美

我們受過傷，流過淚，經歷過痛苦，才算得上體驗過完整的人生。知道什麼叫做痛苦，證明你真真實實的活過。

我們常常羨慕那些含著金湯匙出生的人，他們的老爸不是某某某，就是認識某某某；他們有錢有勢，連上學都坐賓士。

這些當然值得人們稱羨，只是你也有令人羨慕的地方，如果你能發掘出自己的優勢，開創屬於自己的幸福。

從前有一對夫妻，結婚多年一直沒有孩子。或許是他們的誠心感動老天，婚後的第十年，太太竟意外懷孕，生了個兒子。

夫妻倆整日開心得合不攏嘴，把孩子取名阿龍，希望他將來功成名就，成爲人中之龍。

小阿龍長得白白胖胖，一副討人喜歡模樣，更是父母眼中的寶貝，爸媽把他無微不至地捧在手心裡，捨不得讓他遭受到任何一點碰撞。

「孩子，走路時記得要看著腳下，當心別跌倒了。尤其是在瓷磚地板上走路，那上面又濕又滑，特別容易滑倒。還有，走山路時也要看腳下，一不小心踩滑了，說不定你會從山頂上摔下去的。」父母親預設了各種狀況，總是對著阿龍諄諄教誨，不希望孩子發生意外。

這對慈祥的父母在阿龍二十五歲那年先後去世了。言猶在耳，阿龍沒有忘記父母親千交代、萬叮嚀的囑咐，時時刻刻都遵循著父母的指示；當他在街上走路，在山上踏青，在春天的草原裡漫遊，在神秘的森林裡躑躅，在商店裡閒逛，在沙灘上散步時，總是非常用心盯著自己的腳下，小心翼翼不被任何東西絆倒。

從小到大，他幾乎從來沒有跌倒過，也從來沒有扭傷過，更沒有碰傷過頭，就連踏到水坑的機會也沒有。

只是，這樣的步步小心並沒有使他步步高升。他一直專注於自己的腳下，無論是藍色的天空、明亮的彩霞，或是閃爍的星星、城市的燈火、人們的笑容，對他而言都只是驚鴻一瞥的影像，他從來不曾對它們凝神留心細看過。

終其一生，阿龍並沒有功成名就，成爲人中之龍；他最大的成就，充其量只是從未摔倒過而已。

常有人說：「沒有經歷過痛苦，哪裡知道什麼是快樂？」認爲痛苦的可貴，是在彰顯快樂的美好。

但是，這句話其實並不準確，應該改成：「沒有經歷過痛苦，哪裡知道什麼叫做痛苦？」

痛苦並不是爲快樂而存在，痛苦本來就是人生的一部分，就像玫瑰身上的刺

一樣，這些刺並不會使玫瑰變得更美艷或醜陋，但是如果玫瑰沒有刺，還算得上是一朵完整的玫瑰嗎？

我們受過傷，流過淚，經歷過痛苦，才算得上體驗過完整的人生。知道什麼叫做痛苦，證明你眞眞實實的活過，流過眼淚之後，笑容會更加甜美，從這個角度來說，痛苦，也是幸福。

7 PART

別讓不如意干擾情緒

當天不從人願的情形發生時，
就不應該把這種情形稱作失敗，
只有當自己放棄的時候，才叫做真正的失敗。

不要讓自己的創意不切實際

創意一開始都是天馬行空的，需要靠行動一步步地修正，否則，再多的想法，也不過是徒然浪費自己的想像力罷了。

法國哲學家列維．斯特勞斯曾說：「千萬不要想像我們能像噴泉一樣創新。創意必須經過長期醞釀才能成熟，才能在約束中錘打出自己的道路。」

科技與網路的迅速發展，改變了人類經濟活動的內容，也爲人類的精神層次帶來極爲深刻的影響，「創意」這個名詞儼然成了新時代的主角。

誠然，知識經濟時代的靈魂是創新，但是，並不是所有的創意都能派上用場，有時它只是個餿主意。

《富爸爸，窮爸爸》裡有一則有趣的故事。

羅伯特和麥克才九歲的時候，就想靠自己的力量賺取零用錢。但是，他們的年紀太小了，找不到適合的工作，於是兩人想了很久，終於想出了一個他們認爲「最好」的賺錢方法。

接下來的幾個星期，羅伯特和麥克跑遍了整個小鎮，到處去要別人用完的牙膏皮。

每個人都很願意給他們這種沒用的東西，可是每當問他們有什麼用途時，他們總是回答：「這是商業秘密」。

等到他們攢足了牙膏皮時，他們就開始把這些牙膏皮「變」成錢。

兩個九歲的男孩在車庫合力「安裝」了一條生產線，還要求羅伯特的爸爸來參觀。原來，當時的牙膏皮還不是塑膠製，而是鉛製的，所以把牙膏皮上的塗料熔掉之後，鉛皮就會因爲高溫變成液體，然後羅伯特和麥克再小心地把鉛液灌入裝有石灰的牛奶盒裡。

看到這種情形，羅伯特的爸爸好奇地問：「你們在做什麼？」

羅伯特興奮地回答說：「我們正在『做』錢，我們就要變成富翁了！」

邁克也笑著說：「我們是合夥人。」

隨後，羅伯特用一個小鎚子敲開牛奶盒，並且對他爸爸說：「你看，這是已經做好的錢。」

說著，一個鉛製的五分硬幣就這麼掉了出來。

羅伯特的爸爸這才明白：「原來你們在用鉛鑄硬幣啊！」

麥克說：「對啊，這是我們想到的賺錢方法。」

羅伯特的爸爸笑著搖搖頭，並且向他們說明爲什麼這個方法是犯法的行爲，根本行不通。兩個孩子頓時覺得非常失望，羅伯特很沮喪地對麥克說：「我們當不成富翁了。」

羅伯特的爸爸聽了這話，對他們說：「孩子，一件事情的成敗並不重要，重要的是你們曾經嘗試過。你們比大多數只會空談的人還要厲害得多，我爲你們感到驕傲。」

知名的劇作家易卜生曾經寫道：「一百個空中閣樓的想法，也不及一個腳踏實地的做法。」

創意如果沒有眞正付諸行動，就不可能稱爲創意，只能稱爲一種腦海中浮現的「想法」而已。

而且，創意一開始都是天馬行空的，需要靠行動一步步地加以修正，否則，再多不切實際的想法，也不過是徒然浪費自己的想像力罷了。

因此，當別人嘲笑你的創意是異想天開的幻想時，先別急著鬧脾氣，也不用和對方爭得面紅耳赤，而是付諸行動，然後一步步加以修正。

如此一來，你的創意就有可能成爲通往成功的捷徑。

用別人的錯誤當作成功的基石

要想成功，除了埋頭苦幹以外，也別忘了抬起頭來看看四周，讓別人的錯誤，成為你成功的基石。

卡耐基曾說：「人要懂得從失敗中培養成功，因為，障礙與失敗，就是通往成功的兩塊最穩靠的踏腳石。」

想減少錯誤的發生，不妨多看看別人的失敗經驗吧！如果已經有一個不良示範呈現在你眼前，那麼你重蹈覆轍的機會便能減少許多。

美國成功學大師安東尼．羅賓在接受媒體訪問時，曾經提到爲什麼他能嚴厲拒絕煙酒和毒品的原因。

安東尼．羅賓說，並不是因爲他夠聰明，而是他比較幸運罷了。他之所以不喝酒，是因爲在他還是個孩子時，曾看到家中有人因爲喝醉而吐得一塌糊塗，那種痛苦的模樣留給他極深刻的印象，從此讓他知道喝酒實在不是一件好事，也不是快樂的事。

除此之外，他有一位好友的母親，大約有兩百公斤重，每當她喝醉時就會緊緊地抱著他，他的臉上和身上都會沾滿她的口水。

這些經歷讓他對酒深惡痛絕，一直到現在，只要聞到別人嘴裡呼出的酒氣，他還是會覺得很不舒服。

也由於類似的經驗，使他沒有染上吸毒的壞習慣。

在他就讀小學三年級時，有一次警察到學校來，放映一部有關吸毒的影片。片中人物在吸毒後神志不清，瘋狂跳樓，死狀十分恐怖。

一直到現在，那部影片他依然記得一清二楚，於是他就把吸毒、變態及死亡聯想在一起，這使他日後連嘗試的念頭都不敢有。

所以，並不是他聰明才知道這些壞習慣的可怕，而是有幸在很小的時候就有人告訴他，染上這些壞習慣的可怕後果。

古希臘哲聖蘇格拉底曾說：「真正成功的人，就是能借助別人失敗的經驗，來讓自己學到聰明。」

如果已經有人把犯錯的後果呈現出來，但是你仍然想嘗試的話，那麼你注定不會成爲一個有作爲的人，只會自討苦吃。

因爲，你不但不肯花時間做其他有意義的事情，反而寧願花時間繼續犯錯，長久下來，你又有多少的時間可以反省和悔改呢？

要想成功，除了埋頭苦幹以外，也別忘了抬起頭來看看四周，讓別人的錯誤，成爲你成功的基石。

要努力，還要有毅力

成功不只需要努力，還要加上決心及毅力，就算努力之後無法達到自己想要的結果，但至少能夠為下次的成功，莫定更紮實的基礎。

歷史上許多著名的人物，在成功之前，都曾付出過不爲人知的努力，這些努力的過程甚至可以用「拼命」來形容。

正因爲他們付出了這麼多，所以才能得到衆人所不及的成就。

英國細菌學家歐立然，在研製消滅人體內的錐蟲和螺旋體病原蟲藥物的過程

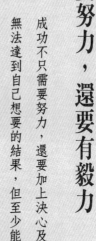

中，幾個晚上徹夜不眠是家常便飯。眞的累到受不了的時候，就用書當枕頭，和衣躺在實驗室的長椅上小睡片刻；醒來後，再接著繼續工作。這樣持續了許多年，最後才終於研發出六百多種藥物。

俄國詩人馬雅可夫斯基在寫《多斯塔之窗》時，也是夜以繼日地寫作，不浪費任何一點靈感。疲倦的時候，就用劈柴當枕頭。劈柴不舒服，不至於睡得太久，正因爲如此，他才能擁有比一般人還要多的時間，做出一般人做不到的事情。

科學家牛頓也是如此。

牛頓有一次請朋友吃飯，朋友已經到了，僕人也把菜餚都擺好了，可是卻遲遲不見主人牛頓的蹤影。原來，牛頓突然想到一個問題，又躲進實驗室裡做實驗了；一進入實驗室後，他就忘記了外界的一切，更忘了請朋友吃飯這件事。

朋友知道牛頓的習慣，自己吃完飯後便告辭走了，而牛頓一直等到得出了實驗結果後，才滿意地走出實驗室。

等他來到餐廳，看到朋友吃剩的飯菜時，還莫名所以地說：「我還以爲要吃飯了呢，原來我已經吃過了！」

許多人生導師都不厭其煩地告訴我們：「壯志與熱情是夢想的羽翼，自信與堅韌是成功的階梯。」

許多偉大人物的成功經驗印證了這句話的眞實性，在在提醒我們，必須把所有的心力，放在當下應該努力的事情上面。

很多人才剛剛付出，就急著期待看到成果，如果結果不如預期，便心灰意冷，立刻想要放棄。

這樣的人是永遠不可能成功的，因爲成功不只需要努力，還要加上決心及毅力。就算努力之後無法達到自己想要的結果，但至少盡了全力，不只對得起自己，也能夠爲下次的成功奠定更紮實的基礎。

把學歷轉化成能力

文憑就跟外表一樣，雖然一開始容易吸引眾人的目光，但是缺乏真材實料的內在，再好看的外表，也只是無用的裝飾品而已。

思想家約翰．彌爾曾說：「每個人都擁有無限的潛力，但並不是每個人都能夠將這些潛力變成實力。」

每個人身上都有著獨特的才華，不管順境或逆境，都必須將自己身上的才能發揮到極致，如此一來，才會讓自己保持積極樂觀的態度，自信自在地突破生命中的各種難題。

肯尼迪高中畢業後就開始找工作，偶然間發現了一則徵人廣告，內容是某家知名的出版公司要招聘一位負責五個州內各書店、百貨公司和零售商的業務代表；薪水是一個月一千六百美元到兩千美元，另外還有工作獎金、出差費和公司配車。

這是肯尼迪夢寐以求的工作，可惜，他在面試的時候就被拒絕了。

主管很客氣地對肯尼迪解釋爲什麼拒絕他的理由：第一、他的年紀太輕；第二、他沒有相關的工作經驗；第三、他只有高中畢業而已。

肯尼迪竭盡所能地毛遂自薦，但是主管的態度仍然十分堅決。這時，肯尼迪靈機一動，對主管說：「反正你們這個業務代表的空缺已經缺了六個月了，再缺三個月應該也不會有太大的差別。既然如此，能不能讓我先做三個月？我不要薪水和交通工具，公司只要負擔我的出差費就行了。等三個月之後，你再決定要不要錄用我，如何？」

主管覺得肯尼迪的辦法很有趣，便答應了他的條件。在這短短的三個月裡，肯尼迪達成許多耀眼的成績，其中包括了重組了銷售流程，創下公司有史以來的銷售紀錄。他也爭取到更多新客戶，包括一些以往一直爭取不到的客戶。於是，不到三個月，肯尼迪就被錄取了。

在現代社會中，學歷的重要性是無庸置疑的，大學畢業也已經是最基本的標準。但是，如果沒有眞才實學的話，再好的文憑和學位，也沒有辦法成爲不可取代的優勢。

俄國作家契訶夫曾說：「人要有三個頭腦：與生俱來的頭腦，從書籍中得來的頭腦，從生活中得來的頭腦。」

年輕人經常犯的錯誤就是不懂得活用頭腦，一味把學歷視爲能力。

學歷很重要，但是把學歷轉換成能力則更重要。如果做不到這一點，那麼擁有再顯赫的文憑，也不過代表比一般人會讀書而已。

文憑就跟外表一樣，雖然一開始容易吸引衆人的目光，但是倘使缺乏眞材實料的內在，那麼再好看的外表，也只是無用的裝飾品而已。

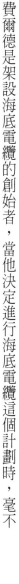

機會就在「麻煩」中

機會往往就隱藏在層層的麻煩之中，如果你想成功，別吝嗇你的時間，只要你願意堅持下去，你一定能找到成功的契機！

每個人都不喜歡麻煩，也沒有人會自找麻煩，可是麻煩的事情中，卻往往隱藏著成功的契機。

如果沒有愛「找麻煩」的人，世界上的成功者也許會因此減少很多。

費爾德是架設海底電纜的創始者，當他決定進行海底電纜這個計劃時，毫不猶豫地把自己所有的財產都拿出來，投資在開發海底電纜上。

爲了尋求國會議員的支持，他在國會議題討論中不知道接受過多少議員的質疑和反對，但是費爾德並不灰心，最後終於獲得國會議員過半數通過支持，讓他的計劃得以執行。

舖設海底電纜是一項前所未見的工程，第一次架設的時候，就因爲電纜在海裡無法舖超過五公里而失敗。接下來，他仍然不斷地遭遇到許多慘痛的失敗，但是他一步一步地修正，最後，終於在一八五八年完成了世界上第一條海底電纜。

電纜雖然架設好了，但遺憾的是，電纜只營運了幾個星期就停擺。可是，費爾德還是不死心，仍然到處說服投資人，籌集資金準備做最後一搏。

好不容易有公司願意支援費爾德的計劃，但是在舖到兩千四百英哩的地方時，電纜又斷了，一切的努力又付諸流水，損失金額超過六百萬美元。

經過十二年不停地努力，一八六六年七月二十七日那天，終於成功地完成了電纜的工程。第一個透過海底電纜傳來的消息是：「感謝上帝，電纜舖好了，運行正常。費爾德。」

不要害怕出現眼前的麻煩，要把每一次打擊都當成學習的機會，把每一個危機都視爲成功的轉機。

如果困境讓我們失去了追求的動力，如果逆境讓我們失去了對未來的憧憬，那麼，我們就是不折不扣的失敗者了。

有時候，「自找麻煩」反而是讓自己成名的大好機會，因爲大多數人都怕麻煩，所以「自找麻煩」的人反而特別容易引人注意。

機會往往就隱藏在層層的麻煩之中，如果你想成功，別吝嗇你的時間，只要你願意堅持下去，你一定能找到成功的契機！

別讓不如意干擾情緒

當天不從人願的情形發生時，就不應該把這種情形稱作失敗，只有當自己放棄的時候，才叫做真正的失敗。

一旦遇到計劃不如預期、成績不好、工作不順、失戀……等等情況，很多人便認定了這些事就代表了失敗。

其實，很多事情根本稱不上失敗，頂多只能說是天不從人願而已。

有項統計說，人類百分之七十的煩惱，都跟不懂得改變心境有關。

看待生命的角度不同，自然而然也會得出截然不同的結果，又何必讓不如意的小事擾亂自己的情緒呢？

有一家人趁著難得的假期高高興興地出國旅行，整個旅途上都很平安順利，大家也都玩得很愉快。

沒想到返抵國門後正準備從機場回家的時候，在高速公路上竟遇上了一場很嚴重的連環大車禍。雖然全家人都很幸運沒有受傷，但因爲車禍的關係，延遲了六小時才回到家。

好不容易回到家，全家人原本陶醉在旅行之中的愉快氣氛，早已蕩然無存了。他們不斷向前來家中拜訪的親朋好友抱怨自己的倒楣，反而對旅途中發生的趣事隻字不提。

這時候，在一旁靜靜聽著抱怨的老奶奶開口說道：「這有什麼倒楣的？遇到這麼大的車禍，死傷又這樣慘重，一家人都還能安全地回來，這已經是很大的福氣了。」

我們經常可以看到，不論遭遇多麼不幸的事，智者總是會從中獲得一些有益的經驗；不論遇到多麼幸運的事，愚者還是感到無限悲傷。

不要讓不如意干擾自己的情緒，當天不從人願的情形發生時，就不應該把這種情形稱作失敗，更別因此而產生負面的情緒和想法，因爲，只有當自己放棄的時候，才叫做眞正的失敗。

其實，許多不順遂的事情充其量也不過是不完美的結果而已。

再怎麼成功的人，也會有徒勞無功的時候，但是，這些人不會將徒勞無功視爲失敗，而是視爲不如人意的結果，並且充分累積和運用這些「結果」，達到最後的成功。

停止反省，等於停止進步

無論任何企業，都必須隨著時代脈動調整步伐，並且在不斷的流動中反省，才能讓企業的價值越來越高，根基也紮得越來越穩固。

在人生過程中，我們往往會碰到許多意想不到的挫折與困難。想要成功，就必須克服重重危機。

在克服危機的過程中，懂得反省是很重要的，因爲只有懂得反省的人，才有可能找到衝破危機的方法。

安麗是美國知名的消費品製造商，擁有超過一百萬名獨立經銷商的全球直銷網絡，而且旗下販售的產品超過四千三百種。

更驚人的是，安麗所有的商品都是透過直銷和郵購的方式銷售，年營業額高達數十億美元。

安麗是由狄韋斯和傑文．安岱爾兩人共同創立的。狄韋斯在讀高中時，遇到了傑文．安岱爾，兩個年輕人有著相同的夢想、希望和目標，就這麼開始了一起創造事業的過程。

五〇年代末，他們在自家的車庫裡展開了他們的事業。後來雖然遭遇過許多挫折，但是他們兩人從不放棄，並且彼此扶持、鼓勵，經過長時間的努力之後，終於演變成現在的安麗。

當媒體詢問狄韋斯的經營之道時，狄韋斯認爲，那些夢想擁有自己事業的人，最後往往只看重管理事業，而不是繼續成長。

大多數公司之所以會垮，是因爲原本的創立者忘了繼續進步的重要，只陶醉在公司目前的繁榮景象。

如果要繼續進步的話，就不能忽略時時自我反省。

作家穆尼爾・納素夫曾說：「人的生活方式如果一味地延續一系列的舊習慣，那麼毫無疑問的，他會淪為生活的奴隸。」

人活著，不論何時都要活得比從前更美好和精采，成功之後更要再接再厲，努力維持得來不易的成果。

白手起家的人固然值得欽佩，但是「守成」的人則更爲重要。

要想維持成功的榮景，停滯不前非但無法維持原有的成績，反而是一種退步，甚至會導致瓦解。

所以，無論任何企業，都必須隨著時代脈動調整步伐，並且在不斷的流動中反省，才能讓企業的價值越來越高，根基也紮得越來越穩固。

努力，要讓別人看得到

如果想要脫穎而出，除了比別人做得更好之外，還要讓自己更耀眼！埋頭苦幹是行不通的，還得讓大家看得到你的努力才行！

大家都知道要努力才會成功，但卻不是每個人都知道該如何「努力」。

其實，努力並不等於一味地埋頭苦幹，懂得方法的「努力」，才是有效達到目標的好辦法。

曾經有一個衣衫襤褸的少年，到摩天大樓的工地，向衣著華麗的承包商請教：

「我應該怎麼做，長大後才能跟你一樣有錢？」

承包商看了少年一眼，對他說：「我跟你說一個故事，從前有三個工人在同一個工地工作，三個人都一樣努力，只不過其中一個人始終沒有穿工地發的藍制服。最後的結果是，第一個工人現在成了工頭，第二個工人已經退休，而第三個沒穿工地制服的工人，則成了建築公司的老闆。年輕人，你明白這個故事的意義嗎？」

少年滿臉困惑，似乎聽得一頭霧水，於是承包商繼續指著前面那批正在鷹架上工作的工人對男孩說：「看到那些人了嗎？他們全都是我的工人。但是，那麼多的人，我根本沒辦法記住每一個人的名字，有些人甚至連長相都沒印象。但是，你看他們之中那個穿著紅色襯衫的人，他不但比別人更賣力，而且每天最早上班，也最晚下班，加上他那件紅襯衫，使他在這群工人中顯得特別突出。我現在就要過去找他，升他當監工。年輕人，我就是這樣成功的，我除了賣力工作，表現得比其他人更好之外，我還懂得如何讓別人『看』到我在努力。」

想要比別人早一步成功，除了必須不斷挑戰困難和不斷超越自己之外，最重要的是，要讓別人看得見自己的表現。

不要以爲只有你一個人在拼命工作，其實每個人都很努力！

因此，如果想要在一群努力的人中脫穎而出，除了比別人做得更好之外，就得靠其他的技巧和方法了。

最好的辦法，就是找出自己與衆不同的特質，將你的努力用在發揮這些特質上，如此一來，即使做的是相同的工作，那麼你也會比別人更耀眼，更有可能獲得成功的機會！

8
PART

換個角度，就會更加突出

樂觀的人，可以在每個憂患中看到機會；
但悲觀的人，卻只能在每個機會中只看到憂患。

信念堅定，就能面對任何困境

只要真心想做，只要不失去堅定的信念，只要給自己一個堅定的信念，就能面對未來所有挑戰。

人類常常會表現出常理無法相信、理解的能力，甚至連科學都無法證實爲何人類有那麼強大的力量和韌性。

有人認爲那是上天給予的奇蹟，或者是幸運之神的降臨，但這些說法都無法清楚解釋人類力量的來源。

事實上，人類擁有的強大精神力量、信念和意志力，才是面對所有不可能事物的奇蹟。

第二次世界大戰期間，有一個女孩子流亡海外，無依無靠，幸運的是，她能講一口流利的英語和法語，因此被英國特務組織看中，受邀加入。

然而，她並不適合特務工作，因爲她性情急躁、沒有耐性，所有的同事都認爲讓她做間諜，無疑是爲敵國送上一座秘密的寶礦。果然，所有的訓練過程對她幾乎都沒有用處。

有一次，組織讓她拿一份敵國駐軍圖，送交給地下情報員。她到了接頭地點後，卻怎麼也想不起接頭暗號，情急之下，索性把地圖展開，對著來來往往的人群進行試探：「你對這張地圖感興趣嗎？」

幸運的是，她很快遇上了兩位地下情報員，他們扮作精神病人，迅速地掩蓋這個可怕且致命的錯誤。

不僅如此，她認爲愈是繁華的地段愈是安全，於是自作主張，把秘密電台搬到了巴黎的鬧區中，可是她不知道，蓋世太保的總部就在離她一街之遙的地方。

終於在一天夜裡，蓋世太保把這個膽大妄爲，正在發報的間諜逮捕了。

英國特務組織後悔不已，如果這個天眞的姑娘在蓋世太保的刑求下，毫無保留地說出一切，那麼，對在法國的特務組織將是一個重創。

出乎意料的是，蓋世太保用盡了各種殘酷的刑罰，都無法讓她吐出一句話來。

二戰結束後，英國政府追授她喬治勳章和帝國勳章。這樣一個不稱職的間諜，竟獲得了英國政府的最高獎賞。

對此，官方的解釋是：「對敵國而言，夢寐以求的是間諜的背叛，這等於無形的巨大寶藏。這個女孩做事方式雖然魯莽，至今卻沒有吐露任何一個字。一個人雖然需要技巧和智慧，但最不能缺少的，是原則和信念，這就是一個間諜最本位、最出色的地方。我們從沒懷疑過她是一位優秀的間諜。」

這個女孩的名字就叫努爾，曾是一位印度王族的嬌貴女兒。

誠如日本零售業大亨中內功說的：「人類原本是軟弱的，但是只要帶著信念或是使命感開始行動時，不知怎麼搞的，人類就會變得強韌了。」

面對慘無人道的酷刑，讓人求生不能、求死不得，再加上精神虐待，種種折磨讓人不敢想像，一個再怎麼能忍耐的人，都可能放棄一切以求解脫。可是，性情急躁的努爾克服了。

就像歷史上許多革命英雄一樣，一切都是爲了一種信念，爲了人民的福祉，才能忍人所不能忍。

一般人沒有那麼大的志向，也能有這麼大的能力嗎？

是的，只要眞心想做，只要不失去堅定的信念，當我們做出決定的那一刻，一個人一生的評價也注定了。

只要給自己一個堅定的信念，就能把壓力化爲前進的動力，勇敢地面對未來所有挑戰。

你有沒有成功的勇氣？

充分了解自己是掌握成敗的關鍵，只要能針對自己的缺點改進，原本不屬於你的成功特質，也會逐漸成為你個性的一部分。

成功需要具備許多特質，儘管這些特質並不一定都是與生俱來，但卻是可以靠後天培養的。

其中，最難培養的就是「勇氣」，因爲勇氣是邁往成功的第一步，沒有了勇氣，那麼任何事情也都無法完成了。

莫瑞兒．西伯特常被尊稱爲「金融界的第一女士」，因爲她在紐約的證券交易所裡擁有席位，並且是第一個在交易所擁有席位的女性。而她位於紐約的莫瑞兒．西伯特公司，也是全美最成功的經紀公司之一。

西伯特從小就希望擁有自己的事業，所以她從俄亥俄州到紐約來打天下，剛到紐約的時候，全身的財產只有牛仔褲裡的五百美元。

她在紐約的第一份工作，是在一家經紀公司當一名周薪六十五美元的實習研究員。

有一天，西伯特接到一個好消息，一家她曾經寫過報告的公司來電，告訴她因爲她寫的產業分析報告，使他們公司賺了一筆錢。就這樣，西伯特得到了她生平第一份公司訂單。

從此，西伯特的業績開始蒸蒸日上，不過她並不因此而滿足；她一直努力想爭取一家大型經紀公司的合夥資格，但卻因爲自己女性的身分而遭到對方拒絕。

這個打擊讓西伯特明白了一件事：想要在這個男性掌權的環境中生存下去，就必須創立自己的事業。

雖然，當時她連租辦公室的資金都湊不出來，只能把別家公司提供的小角落充當辦公室，但她還是決心要放手一搏。

莫瑞兒．西伯特就在這個臨時辦公室裡展開了她的事業。

結果，在六個月之內，西伯特就搬出了這個簡陋的辦公室，搬進屬於她自己的辦公室。而且，經過不斷地奮鬥之後，莫瑞兒．西伯特終於成功地建立了頗具規模的企業。

在訂定奮鬥目標之前，一定要先徹底了解自己有沒有充足的準備，並且反覆地檢討自己的優缺點，因爲，未經深思熟慮，貿然地行動，只會讓自己陷入不必要的麻煩中。

奮鬥的過程中，充分了解自己的個性是掌握成敗的關鍵，只要能針對自己的缺點改進，那麼原本不屬於你的成功特質，也會在不斷地努力後，逐漸成爲你個性的一部分。

限制，都是自己造成的

也許本來很簡單的事，都因為先在心中設置了障礙，才會讓事情越來越複雜，也限制了自己的發展。

人們總是習慣用外表或是既定的印象來評斷事物，就像想到「夏天」，就會聯想到炎熱，想到「複雜」，便會想到「困難」。其實，這些都是我們自己訂下的標準或印象。

因此，在眞正嘗試之前，何不把自己放空，用單純客觀的角度加以判斷呢？說不定，許多的「麻煩事」，在這種「無預設」的心態下，便可以輕輕鬆鬆地解決了。

魔術大師胡迪尼最令人津津樂道的表演，就是他能在很短的時間內打開非常複雜的鎖，而且從來沒有失手過。他為自己訂下一個目標：六十分鐘之內，一定要從任何鎖中掙脫出來。不過，條件是必須讓他穿著自己特製的衣服進去，而且不能有人在旁邊觀看。

有一個英國小鎮的居民，決定向胡迪尼挑戰。他們製造了一個特別堅固的鐵牢，還配上一把非常複雜的鎖，然後請胡迪尼來挑戰，看看他能不能順利地從這個鐵牢中脫身。

胡迪尼接受了這個挑戰。他穿上了特製的衣服走進鐵牢，所有的居民都遵守規定，不去看他如何開鎖。

胡迪尼從衣服裡拿出工具開鎖，但是，時間一分一秒地過去了，他卻打不開鐵牢，頭上開始冒汗。終於，一個小時過去了，胡迪尼還是聽不到期待中鎖簧彈開的聲音，他精疲力盡地靠著門坐下來，結果牢門竟然順勢而開。

原來，這個牢門根本沒有上鎖！

那把看似複雜的鎖原來只是個模型，誰也沒想到，一向有「逃生專家」美譽的胡迪尼，竟然被一把根本沒有「鎖」的鎖弄得動彈不得。

法國哲學家拉羅什富科曾說：「戰勝別人，不如打敗自己，因為，最可怕的敵人，就藏在自己的心中！」

許多的限制或障礙，其實都是自己造成的。

因爲，遇到事情時，我們首先想的不是該怎麼面對，而是如何才能繞過；當問題發生時，直覺反應一定是先找藉口，而不是如何解決，總是等到眞的逼不得已的時候，才會動腦筋思考解決的方法。

殊不見，許多本來很簡單的事，都因爲我們先在心中設置了障礙，才會讓事情越來越複雜，也限制了自己的發展。

別繼續當個自暴自棄的傻瓜

回頭需要無比的勇氣，也許我們無法在第一時間回頭，但是只要願意，重新出發是永遠都不嫌晚的。

不管你過去多麼墮落或消沉，只要你願意改變，就一定來得及。就算你曾經對不起很多人，無法獲得別人諒解，但是在你回頭的時候，你至少開始對得起自己。

吉姆從小就不是一個乖孩子，偷東西、打架樣樣都來，久而久之，他的人生離正途越來越遠。

剛開始時，吉姆一點都不會感到內疚，但是隨著犯罪的次數越來越多、越來越頻繁，他積累的內疚感也越來越深。終於，這種掙扎的情緒讓他在一次持槍搶劫的行動中失手，被抓進了監獄。

吉姆在監獄裡，下定決心要重新做人。從監獄獲釋後，吉姆結了婚，搬到加州，並且開了一家從事電子諮詢的小店。

可是好景不常，有一天一個陌生人來找吉姆，要吉姆用電子裝置協助自己犯罪。龐大的利潤吸引了吉姆，就這樣，他又開始了犯罪生涯。

吉姆變得很富有，錢似乎多得花不完，而這個情況也讓他的妻子開始產生懷疑。妻子想知道這些錢的來源，但是吉姆不肯說，兩人因此大吵了一架，吉姆煩悶地走出家門，在街上無意識地到處遊蕩。

走著走著，吉姆不知不覺地走到公園。他看到公園裡有很多人聚集，一時好奇，便跟著擠進人群中，原來是牧師在佈道。才聽了不久，吉姆便感到十分煩躁不安，因爲他覺得牧師似乎是在跟他講話。

聽完了牧師佈道之後，吉姆決定向警方自首。

現在的吉姆，經常在全國各地進行演說，將自己的經歷說給每一個人聽，特別是他決心自首那天的情況。每次說到這裡，他都會這麼形容：「我找到了回頭的勇氣。」

決心和意志力可以改變一個人，這是大家都明白的道理，但卻不是每個人都可以做到的事情。尤其是遇到失敗或挫折的時候，怨天尤人的人，永遠比重新再來的人還要多得多。

回頭需要無比的勇氣，也許我們無法在第一時間回頭，但是只要願意，重新出發是永遠都不嫌晚的。只要肯下定決心，美好的人生仍然會在你前進的路上等著你！

記住，千萬別繼續當個自暴自棄的傻瓜。

換個角度，就會更加突出

樂觀的人，可以在每個憂患中看到機會；但悲觀的人，卻只能在每個機會中只看到憂患。

有人說，人生就是一個龐大的市場，每個人都可以在那裡販賣自己的商品，但是，通常只有看出市場潛力的人才會是最後的大贏家。

市場不僅是由消費者組成的，還包括了這些消費者的需求。有需要，才會購買，所以只要掌握了消費者需求，就一定有辦法創造商機。

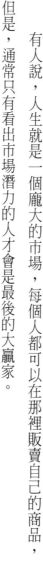

有一位老人對他的兩個兒子說：「你們的年紀也不小了，也該到外面去見見世面了，等你們磨練夠了之後，再回來見我吧！」

兩個兒子遵從父親的囑咐，離開家鄉到城市裡開開眼界。沒想到，才過了幾天，大兒子就回家了。

老人看到大兒子垂頭喪氣回來，有些驚訝地問：「怎麼回事？你怎麼這麼快就回來了呢？」

大兒子很沮喪地回答：「爸爸，你不知道，城市的物價實在高得太可怕了！連喝水都必須花錢買，在那種到處都得花錢的地方，怎麼生活得下去呢？賺的錢都還沒有花的多呢。」

過了幾天，二兒子打了一通電話回來，興奮地對父親說：「爸爸，城市裡到處都是賺錢的好機會！連我們平常喝的水都可以賣錢！我決定留在這裡好好地開創一番事業。」

過了幾年之後，因為二兒子看準了城市中飲用水的商機，並且掌握了大部分礦泉水和蒸餾水的行銷管道和市場，很快地佔領了水的市場，成為數一數二的富

豪。

由於生長環境和價值觀念不同，每個人行事風格不同，觀看事物的角度也不同，因此同樣一件事，往往有著不同的解讀。

任何地方都會有市場存在，都暗藏著成功的契機，只是你能不能看到這個市場的潛在需求到底在哪裡。

有句俗話說：「樂觀的人，可以在每個憂患中看到機會；但悲觀的人，卻只能在每個機會中只看到憂患。」

商機是無所不在的，只要換個角度、換個心態，你就能看到別人所看不見的商機，掌握需求，你就可以異軍突起。

不要遭到反駁就退縮

想要讓別人了解自己，就必須讓對方明白自己的想法，不要擔心反駁或質疑，只有反駁和質疑才能讓原來想法中的瑕疵消失。

對於事物，每個人都有自己的看法或意見，但卻不是每個人都「敢」表達自己的想法或意見。

要是你連自己的想法都不敢說出口，那麼你如何有勇氣面對困難，如何能創造機會，進入成功的殿堂？

有一個學生考上了英國牛津大學的博士班，但是這個學生卻在參加口試的時候，因爲教授質疑她的研究計劃，而和教授展開激烈的辯論。

教授大聲地說：「妳的研究計劃包含了不下十個錯誤，根本就不是一個合格的研究計劃！」

學生也不甘示弱地反駁教授：「這只能表示我的研究計劃不成熟，並不表示這個計劃不合格！而且，如果您能接受我成爲您的學生，我有信心，一定可以把這個計劃執行得盡善盡美。」

教授很生氣地說：「難道妳要我指導一個反對我理論的學生嗎？」

學生回答：「坦白說，教授，我就是這麼想的。」

口試結束後，學生心想：「牛津大學應該不會錄取我了。」於是她垂頭喪氣地坐在門外等候通知。

沒想到，助教在宣佈錄取名單時，竟然出現了這個學生的名字。

名單宣佈完後，教授走出面試室，當著衆人的面對她說：「孩子，雖然妳罵了我半個小時，但是最後我還是決定錄取妳。我要妳在我的指導下反對我的理論，如果事實證明妳是錯的，我會很高興；如果證明妳是對的，我會更高興。」

德國心理學家馬克·拉莫斯曾經提醒我們：「不管贊成或者是反對某件事，兩種意見總是會有大量的理由。語言的藝術就在於你如何充分地表達，但是百分之九十九的人，卻經常忽略說話的重要性。」

想要使事情朝自己期望的方向發展，有時必須條理分明地據理力爭。

想要讓別人了解自己，首先就必須讓對方明白自己的想法。

不要擔心別人的反駁或質疑，因爲人生就是不斷精進的過程，只有反駁和質疑才能讓原來想法中的瑕疵消失。

而且，就算說明想法之後還是無法得到認同，至少你努力過，也證明了你不是個遇到困難就退縮的人。

承認犯錯，才有機會補救

發現自己發生錯誤時，補救遠比掩飾犯錯還重要！只要你不隱瞞錯誤，這個錯誤不但可以彌補，說不定結果還會比沒犯錯時更好。

人人都會犯錯，不管多成功的人，在成功的絢麗光環背後，一定也有一連串的錯誤經驗。

犯錯不是件可怕的事，唯一可怕的地方，在於「隱瞞」錯誤，因爲，隱瞞的結果，往往比所犯的錯誤還要嚴重得多。

格里在西爾公司當採購員時，曾經犯下了一個很大的錯誤。該公司對採購業務有一項非常重要的規定：採購員不可以超支自己的採購配額！如果採購員的配額用完了，便不能採購新的商品，要等到配額撥下後才能進行採購。

在某次採購季節中，有一位日本廠商向格里展示了一款很漂亮的手提包，格里身為採購員，以他的專業眼光來看，認為這款手提包一定會成為流行商品。可是，這時格里的配額已經用完了，他突然後悔自己之前不應該衝動地把所有的配額用光，導致現在無法抓住這個大好機會。

格里知道現在只有兩種選擇：一是放棄這筆交易，雖然這筆交易肯定會給公司帶來極高的利潤；二是向公司主管承認自己的錯誤，然後請求追採購金額。格里決定選擇第二種方法，一進主管的辦公室，就對主管坦承：「很抱歉，我犯了個大錯。」然後將事情從頭到尾解釋了一遍。

雖然主管對格里花錢不眨眼的採購方式頗有微詞，但還是被他的坦誠說服了，並且撥出需要的款項。

結果手提包一上市，果然受到民眾熱烈的歡迎，成爲公司的暢銷商品，而格里也因爲這次的超支學到了教訓，從中獲得寶貴的經驗。

英國作家斯威夫特說：「不願正視自己錯誤的人，是最嚴重的盲人。」

錯誤發生的時候像刺蝟一樣防衛，只會自討苦吃；坦然承認自己的缺失，才有機會快速彌補，讓自己贏得更多讚賞。

當你發現自己發生錯誤時，補救遠比掩飾犯錯還重要！

只要你不隱瞞自己的錯誤，這個錯誤不但可以彌補，說不定最後的結果還會比沒犯錯時更好。

一旦犯了錯，就要有承擔責備的心理準備，因爲自己做錯了，如果因爲害怕被責備而不願意承認錯誤，那結果就不僅僅是「責備」那麼簡單了。

嫉妒程度，是衡量成功的尺度

只要你有真才實學，就不必在乎別人嫉妒的眼光，因為平庸的人吸引不了眾人的目光，唯有真正有作為的人，才有讓人嫉妒的機會。

嫉妒別人不是一件好事，但是被別人嫉妒可就不一樣了。要是你在別人心中沒有相當的評價和地位，那麼別人又爲什麼要嫉妒你呢？

作家西·切威廉斯曾說：「人生是一次航行，航行中必然遇到各方面襲來的勁風，然而，每一陣風都會加快你的航速。」

不必擔心別人的嫉妒，也不必爲了閒言閒語而患得患失。

海軍軍官伯利是一位名副其實的探險家，他在一九〇九年四月六日乘雪橇到達北極，成爲到達北極的第一人。

這次的探險圓滿成功，讓他一夕之間聲名大噪，而且這個紀錄是好幾個世紀以來，許多探險家不惜冒著生命危險也無法達成的。

不過，這次的探險卻讓伯利付出慘痛代價，他的腳長滿了嚴重的凍瘡，醫生不得不爲他切除八個腳趾頭，而這個因爲探險所受的重創，也讓伯利痛苦了好長一段時間。

就在這個時候，伯利在海軍的上司也因爲伯利聲名大噪，對他表現出極大的不滿。因此，當伯利再度提出到北極探險的計劃時，他們不但強烈反對，而且還相當刻薄地抨擊伯利根本是假借「科學探險」之名，行募集資金「到北極逍遙快活」之實。

這些海軍的高階將領們竭力地阻撓伯利的北極探險計劃，最後在麥金雷總統出面干預下，伯利才得以繼續進行他的北極探險。

如果伯利一直都待在海軍總部裡當一名普通軍官的話，他還可能遭到這種嚴詞抨擊嗎？

當然不可能，因爲他在海軍總部的重要性、知名度和影響力，都不至於招來別人的眼紅。

相對的，要是伯利害怕遭到嫉妒，因此卻步不前，放棄探險計劃的話，那麼他也不可能有名留青史的機會了。

所以，只要你認爲自己的決定是對的，那麼就儘量放手去做吧！

只要你有眞才實學，就不必在乎別人嫉妒的眼光，因爲，平庸的人吸引不了衆人的目光，唯有眞正有作爲的人，才有讓人嫉妒的機會。

9
PART

困難，都是自己想像出來的

如果你只會在一旁空想，
那麼這個世界將會是個被重重
「困難」包圍的可怕環境，
而你永遠也無法破除困難，往前再進一步！

有計劃，才能因應變化

計劃是實現夢想的第一步，有了計劃，我們才能開始完成夢想的步驟，並且節省更多時間，減少走向冤枉路的機會。

我們常會說：「計劃永遠趕不上變化」，但是很多人誤解了這句話的意思，動不動就將這句話拿來爲自己的沒有計劃做辯護。

其實，這句話只是爲了告訴我們變通的重要性，而不是要我們無所事事或完全放棄「計劃」。

一九八四年，東京國際馬拉松邀請賽中，原本名不見經傳的日本選手山田本一，在衆人的意料之外奪得了世界冠軍。當記者問他是如何自我鍛鍊時，他只說了一句話：「我是用智慧戰勝對手的。」

當時，很多人都認爲山田本一是在故弄玄虛，畢竟馬拉松是憑藉體力和耐力的運動，爆發力和速度都還在其次，只要選手的身體素質好、耐力夠，就有成爲冠軍的希望。

智慧對馬拉松來說會有什麼幫助？這個說法實在有些勉強。

兩年後，義大利國際馬拉松邀請賽在義大利的北部城市米蘭舉行。山田本一代表日本參加比賽，並且再度獲得了世界冠軍。

面對山田本一時，記者們再度問到了獲勝的關鍵。

性情木訥的山田本一原來就不善言詞，這次的回答還是和上次一樣：「用智慧戰勝對手」。

這次記者們並沒有挖苦他，只是對他所謂智慧的說法還是一頭霧水。

十年後，山田本一在他的自傳中，明白地解釋了他的「智慧」：

「每次比賽前，我都會先把比賽的路線仔細地看一遍，並且把沿途比較醒目的標誌記下來。比如第一個標誌是銀行，第二個標誌是一棵大樹，第三個標誌是一座紅房子……等等，就這樣一直記到賽程的終點。

等到真正比賽時，我會奮力地向第一個目標衝刺，等到達第一個目標後，再用同樣的速度跑向第二個目標。這樣一來，不管多遠的賽程，只要分解成幾個小目標，就可以輕鬆地跑完了。

剛開始，我不明白這個道理，只會把目標定在終點線，結果跑不到十幾公里便疲憊不堪，被前面遙遠的路程嚇倒了。」

澳洲作家伊莉娜．蒙格索斯曾說：「人世間有著許許多多的奇蹟，只要按部就班執行你的計劃，對自己充滿信心，你也可以會創造奇蹟。」

人生未來的旅程就像一場馬拉松競賽，過程也許是不可預知的，也許是充滿困頓的，但是，一個充滿信心而具有遠見的人，會及早擬定自己的人生計劃，以

無比堅毅的精神穿越人生的泥沼。

計劃是實現夢想的第一步，有了計劃，才能開始完成夢想的步驟。所以，我們不應該將計劃視爲一種束縛，而是把計劃當成一種規範，再跟著環境的變動逐步調整與修正。

如此一來，成功的機率絕對比跟無頭蒼蠅一樣到處碰壁要大得多，而且更能避免許多無謂的冤枉路。

慎重選擇自己的模仿對象

這個競爭激烈的社會，就是一場大型的模仿秀。選對了目標，成功或許指日可待；一旦選錯了，可能就得花更多的時間繞遠路了。

人的成長，往往來自於模仿別人，然後從模仿中找到自己的風格。

我們不難見到越懂得「模仿」訣竅的人，就越容易成爲他所模仿的對象，甚至超越被模仿者。

有一位作家到洛杉磯旅行時，他的美國朋友開車帶著他到處觀光。

當他們來到洛杉磯最著名的高級住宅區比佛利山莊時，看到各式各樣的豪宅，作家忽然問他的美國朋友說：「你看到這麼高級的豪宅，會不會嫉妒住在裡面的那些人？」

美國朋友回答：「當然嫉妒，不過我嫉妒的是他們能遇到好機會！如果將來我能遇到好機會的話，我會做得比他們還要好！」

後來，作家到日本去玩，一位日本朋友也帶著作家去參觀高級住宅區。日本的豪宅雖然建築和格局都與美國不同，但是一樣都很漂亮華麗。作家也問了日本朋友同樣的問題：「你會不會嫉妒住在裡面的人？」

日本朋友搖搖頭，回答說：「當然不會！日本人只要見比自己強的人，通常都會主動接近那個人，和他交朋友，向他學習。等到把他的長處學到手之後，再設法超越他。」

惡意的嫉妒是不可取的行爲，只有傻瓜才會嫉妒別人的成功，老是跟自己生悶氣，卻不想如何才能超越對方。

這個看起來競爭激烈的社會，嚴格說起來，就是一場大型的模仿秀。正因爲每個人都在不知不覺中模仿他人，所以如何選擇模仿對象，就成爲一件很重要的事了。

選對了模仿目標，成功或許指日可待；一旦選錯了目標，可能就得花更多的時間繞遠路了。

成不成功靠的不只是運氣，還得好好地選擇自己想模仿的對象，如此一來，不只能讓自己節省不少的力氣，還可以比他人更快地達到目標。

困難，都是自己想像出來的

如果你只會在一旁空想，那麼這個世界將會是個被重重「困難」包圍的可怕環境，而你永遠也無法破除困難，往前再進一步！

每個人都知道在完成自己的目標之前，多多少少都會遇到困難，但卻不是每個人在碰到困難時都會思考：這個困難，到底算不算是「困難」？

打從瑪麗嫁到這座農場來的時候，那塊石頭就已經在這裡了。石頭的位置剛好位在後院的屋角，而且是一塊形狀怪異、顏色陰暗的怪石。

它的直徑大約一公尺，從屋角的草地裡突出將近兩公分，如果不小心的話，隨時都有可能被它絆倒。

有一次，當瑪麗使用割草機清除後院的雜草時，不小心碰到了石頭，割草機高速運轉的刀片就這樣被碰斷了。因爲常常造成不便，所以瑪麗就對丈夫說：「能不能想個辦法，把這塊石頭挖走呢？」

「不可能挖起來的。」丈夫這麼回答，瑪麗的公公也表示同意。

「這個石頭埋得很深。」公公對瑪麗說：「從我小時候，這塊石頭就在這裡了，從來沒有人嘗試把它挖起來。」

石頭就這樣繼續留在後院裡。年復一年，瑪麗的孩子們出生，然後離家。接著，瑪麗的公公去世，到最後，瑪麗的丈夫也去世了。

在丈夫的葬禮過後，瑪麗開始打起精神整理房子，這個時候她看見了那塊石頭，因爲它的關係，周圍的草坪始終無法生長良好。

於是，瑪麗拿出了鐵剷和手推車，下定決心準備花上一整天的時間挖走這塊石頭。沒想到，才過了五分鐘，石頭就已經開始鬆動，而且一下子工夫就被瑪麗

挖出來了。

原來這顆石頭只不過幾十公分深而已，原本每一代人都認定沒辦法移動的石頭，就這樣簡單地被移走了。

美國名牧師弗列特．羅伯林說：「信念可以使人變強，懷疑會麻痺人的活力，所以，一個人對自己的信念就是超強的力量。」

如果瑪麗不曾動手去做，關於這塊石頭困難的「神話」，或許也就這麼繼續流傳下去了。

困難到底是不是困難，必須動手去做才會知道。如果你只會在一旁空想，那麼這個世界對你而言，將會是個被重重「困難」包圍的可怕環境，而你，永遠也無法破除困難，往前再進一步！

鋪一條沒有坑洞的康莊大道

不要吝惜在別人需要的時候伸出援手，因為在你伸出援手的同時，也等於為你的人際關係鋪好了一條沒有坑洞的康莊大道。

友誼總是讓人感到愉悅，在群居的人類社會中，友誼就像是生命不可或缺的陽光、空氣和水，適時提供滋養生命的養分。

任何人在遭遇困難時，都希望能有一個堅強的靠山伸出援手。所以，當你爲了自己的人際關係不佳而懊惱時，千萬記得，成爲別人的援手，也是建立良好人際關係的手段。

英國可說是社會福利工作做得最完善的國家之一，但也因爲社會福利完善，造成英國財政上的許多問題。

在一九七九年，素有「鐵娘子」之稱的柴契爾夫人擔任英國首相之時，便致力於改革英國的稅賦制度。

她的改革包含了經濟、社會、醫療、社會保障和教育。雖然在改革的過程中產生不少「太過分」的埋怨聲浪，但是不久她便獲得各方奧援，讓英國日趨嚴重的財政赤字問題逐漸好轉。

柴契爾夫人就任之後，爲了樹立改革的榜樣，每天早上六點起床，辦理公務一直到深夜才休息。

她這種兢兢業業、以身作則的精神，不僅獲得英國國民一致的支持，對她的堅毅信念和卓越的領導能力，絕大多數人也感到相當佩服以及肯定。

作家約翰．凱勒斯告訴我們：「人與人的互相援助精神，把多數人的心靈結合在一起。由於這種可貴的聯繫，我們的生活才會不斷向前躍進。」

互助精神會使我們和別人在思想上，或是在感情上進行正面的交流，並且在彼此需要的時候相互伸出援手。

不只是國家的元首需要支持，一般人也不能缺乏朋友的支持。因爲，支持代表了對一個人的看法和評價，一個缺乏朋友支持的人，不要說成功了，就連與人相處都會很辛苦。

不要吝惜在別人需要的時候伸出援手，在你伸出援手的同時，也等於爲你的人際關係鋪好了一條沒有坑洞的康莊大道。

從錯誤中迅速進步

犯錯是為了求進步，所以你可以犯許多不同的錯，然後從不同的錯誤中學到不同的經驗和教訓。

成功學大師安東尼．羅賓告訴我們：「一個原本優秀的人，也可能因為怠惰而變得愚昧無知，由於不斷犯錯而沉淪到萬劫不復的程度。」

每個人都有可能犯錯，犯錯其實並不可恥，讓犯錯成爲可恥的方式只有一種：不斷地犯同樣的錯。

王先生在公司裡已經是很資深的員工了，可是，他的職位卻一直沒有提升。雖然他已經待了二十多年，公司的一切事務也都很了解，但依然只是個基層職員而已。對於這個情形，王先生也不知道到底是爲什麼。

這一天，眼看一個進公司還不到一年的新人被提升爲主任，王先生再也忍受不了，於是決定去找老闆，問清楚到底爲什麼一直不讓他升級。

王先生開門見山地對老闆說：「我在這家公司已經做了二十年，比你提拔的新人還多了二十年的經驗，爲什麼你寧願升他也不要升我？」

老闆聽完王先生的抱怨，心平氣和地回答道：「你說錯了，其實你只有一年的經驗而已。」

王先生覺得很驚訝，反問老闆：「爲什麼我只有一年的經驗？」

老闆回答：「因爲你沒有從自己的錯誤中學到任何教訓！你到現在都還在犯你第一年剛進公司時會犯的錯。」

莎士比亞曾經寫道：「沒有成功過的人，才會譏笑別人失敗上的傷痕。」

的確，一個人最難堪的事，莫過於無法從過去的失敗中學到如何成功的經驗。其實，所有成功的人，都是曾經失敗過的過來人，而且往往因爲經歷過挫折、失敗，才得到寶貴的成功。

同樣的錯誤，犯第一次時可以原諒，第二次可以當作是不小心，犯第三次就代表你根本不用心！

犯錯是爲了求進步，所以你可以犯許多不同的錯，然後從不同的錯誤中學到不同的經驗和教訓。如此，從錯誤中反而可以學習正面的結果。

如果，你只是一直重複同樣的錯，不只得出的結果是負面的，連自己在別人眼中的形象也會成爲負面。

踏出實實在在的第一步

「萬事起頭難」，做任何事，最困難的往往就是那第一步，只要能跨出第一步，接著就只要一步一步地走下去就可以了。

任何成功的事物，一開始都是微不足道的，就跟小孩子慢慢長大成人一樣，沒有人能省略這個過程。

如果硬是妄想一步登天，那麼結果若不是摔得很慘，便可能是一敗塗地、永無翻身的機會了。

國外媒體曾經有過這麼一個百萬富翁的報導。

這名富翁原本是一個乞丐，他的財富都是靠別人的施捨得來的。寫這篇報導的記者剛開始非常懷疑，一個每天依靠人們施捨的人，怎麼可能擁這樣鉅額的存款？

經過查證後，記者才發現，原來這些存款都是乞丐每天乞討得來的。他把零錢慢慢累積起來，從一分錢到一塊錢，接著十塊錢、一百塊錢，一直到一百萬。

金氏世界紀錄上曾經有一位六十三歲的老婦人，徒步從紐約走到佛羅里達州邁阿密的紀錄。

老婦人長途跋涉，克服了重重困難，終於到達了邁阿密。有位記者去採訪老婦人，想知道她到底是如何鼓起勇氣，決定徒步旅行的，問她難道不認爲這是一件既辛苦又困難的事嗎？

老婦人微笑地回答記者說：「走這麼遠的路的確是需要勇氣的，可是走一步路卻不需要任何勇氣也可以辦得到。我就是抱持著這種心態，把很遠的路當成一步一步來走，就這樣，現在的我才能站在這裡。」

「萬事起頭難」，做任何事，最困難的往往就是那第一步，只要能跨出第一步，接著就只要一步一步地走下去就可以了。

但是，如果第一次步跨得太大，那麼後來不是因爲筋疲力盡而放棄，就是因爲摔得傷痕累累，心生膽怯而放棄。

所以，跨出第一步的時候，別心急、也不要貪心，實實在在地踏出第一步，那麼後來的步伐才能更穩健，也才可以避免半途而廢的遺憾發生。

生命，經不起無謂的浪費

人的生命是有限的，經不起無謂的浪費，只要你能把握生命中的每一秒，那麼你的目標也就離你不遠了。

曾經有一個這樣的笑話。

某甲的錢包被偷了，爲了追回錢包，便死命地追著小偷不放。

某甲很生氣地邊追邊想：「我就不相信我跑不過你！」

於是，他卯足了勁，全力地往前跑。等到他終於追上時，沒想到某甲竟然只記得要跑贏小偷，而忘了追回錢包，仍然繼續地一直往前跑！

當我們整天只知道像陀螺一樣地忙忙碌碌，卻忘了既定的生活目標時，這種行爲不也和那個忘了小偷，只顧著向前跑的某甲一樣嗎？

新加坡女作家尤今之所以能有這麼豐富的作品產量，完全得力於她可以理智地限制自己。她出過幾十本書，作品風靡新加坡及中國大陸，讓人難以想像的是，這位既擔任教職，又有三個孩子的作家，怎麼還能有如此旺盛的精力和時間來創作。

原來，尤今不看電視、也不看電影，平常更不逛街、不應酬，每天一下班就立即回家，將自己「囚禁」起來，開始寫作。

尤今自己說：「一進家門，我便把自己變成一隻蜘蛛。文字是絲，我用絲來織網，勤奮苦心地織，有一種快樂絕頂的感覺。在整個編織的過程中，我用我的耐性和韌性，將千條萬縷的細絲，織成疏密有致的網。然後，我再以我的感情和經驗，爲這個網的雛形設計獨特的圖案。」

有人因此評論尤今說：「她既是編織美麗文字之網的作家，也是一個不斷吮吸知識甘泉的讀書狂。她像蠶一樣發狂地吞食，再努力地消化。」

這種專注的能力，使尤今成爲一個不容易向現實低頭的人，也因此能在文字殿堂中，獲得令人激賞的成績。

科學家居禮夫人告訴我們，如果我們想要過著充實而有意義的生活，就一定要克制自己的惰性，養成充分運用時間的習慣，過完一天之後對自己說：「我已經做完今天應該做的事了。」

限制自己，其實是一種非常勇敢的行爲！因爲它不僅能測試一個人的意志力，還能表現出一個人是否能充分地運用時間。

如果你充滿理想，並且渴望成功，那麼，嘗試向自己的「自制力」挑戰吧！人的生命是有限的，經不起無謂的浪費，只要你能把握生命中的每一秒，那麼你的目標也就離你不遠了。

發揮自己本色，不受他人主宰

只要做好自己的事，不用在意別人怎麼對你。每個人都能主宰自己的命運，扮演好自己的角色，不受他人言行的影響。

小時候做錯了事，爲了逃避責罰，減輕自己的過錯，我們總是會說：「某某某也這樣啊！」這句話一出口，我們也都會得到預料中的回答：「人家這樣做，代表你也要這樣做嗎？」

每個人都有屬於自己的特質，如果只是盲目的追隨他人，不但會失去本色，也不會感到快樂。自己的人生要走向何方，應該由自己決定。

假如我們願意改變自己應對人事物的心態，讓自己活得和別人不一樣，那麼就可以輕輕鬆鬆地擁有完全屬於自己的未來。

有一次，蘇格拉底涉水過河，一不小心跌入了一個深坑裡。他不會游泳，只好在水中一邊拚命地掙扎，一邊大喊「救命」。

一個正在河邊釣魚的人聽到呼喊聲，不僅沒有伸出援助之手，反而收起釣魚竿，起身就走。後來，多虧蘇格拉底的學生趕到，才救了他一條命。

大家七手八腳地幫蘇格拉底換掉濕衣服，異口同聲地譴責那個見死不救的釣魚人一點良心也沒有。

過了不久，那個釣魚人涉水過河，一不小心也跌入了深坑裡。這人同樣不會游泳，只好一邊拚命掙扎，一邊大呼「救命」。恰巧，蘇格拉底和他的學生聽到呼救聲就快跑過去，用一根長長的竹竿把那人救了上來。

等到看清楚救上來的人的面孔，蘇格拉底的學生就後悔了，說道：「如果知道落水的是他，我們無論如何都不會救他的！」

蘇格拉底爲落水的人換掉濕衣服，平靜地說：「不，我們必須救他，這正是我們和他最大的區別。」

法國作家雨果說過：「如果自己的良心是平靜的，目的是正當的，那麼即使走在搖撼不定的地上，也應該是步伐堅定的。」

每個人都有自己的人格和操守，那是一項珍貴的寶物。就算是別人不義在先，也不能爲了報復而改變自己原有的理念。只要做好自己的事，盡應盡的責任，就不用在意別人怎麼對你。

每個人都能主宰自己的命運，不像讓人操控的布偶，不能替自己發聲。應該扮演好自己的角色，而不是一味羨慕別人、模仿別人，受他人言行的影響。

就像蘇格拉底有自己的品格，懂得尊重生命，幫助該幫助的人，這就是他和別人不同的地方。做自己，走好自己的路，不論前方的路該直走或轉彎，是平坦或崎嶇，都由自己決定，因爲你就是自己的主人。

10

PART

自以爲是，會妨礙你的前途

每個人都有不同的優點和特質，
學著看對方的優點，總比心高氣傲，
為自己樹立更多敵人要來得有建設性！

自以爲是，會妨礙你的前途

每個人都有不同的優點和特質，學著看對方的優點，總比心高氣傲，為自己樹立更多敵人，要來得有建設性！

在人際關係中，最大的錯誤就是看不起別人。這種自以爲是的心態，不但會爲自己樹立敵人，而且也可能切斷自己的發展前途。

法國文學家兼哲學家司湯達在他的代表作《紅與黑》裡寫道：「被人蔑視所引起的憎恨，經常是猛烈異常的。」

蔑視別人只會讓你自討苦吃，千萬不要小看身邊的任何人，因爲你永遠也不知道他什麼時候會爬到自己頭上。

維斯卡亞公司是美國八〇年代最著名的機械製造公司，它的產品不但銷售全球，而且也是重型機械製造業的龍頭。

這家公司是許多大學生夢寐以求的第一志願，公司的技術人員早已爆滿，沒有空缺，不過仍然有很多畢業生希望能進入這家公司工作。

詹姆斯就是其中之一！他和許多人一樣，在公司一年舉辦一次的徵才上遭到拒絕，不過他並沒有放棄，下定決心一定要進入維斯卡亞重型機械製造公司工作。最後，他想出了一個很特別的辦法。

詹姆斯到人事部，向人事部經理提出讓他來工作的要求，任何工作都無所謂，甚至連薪水都不需要。

公司起初覺得這個提議很不可思議，但因爲考慮到不用付薪水就有人願意做事，於是便答應了詹姆斯的要求，派他去打掃工廠。

就這樣過了一年，詹姆斯每天勤奮地重複這種簡單但勞累的工作，爲了生活，下班後還得去酒吧打工。

在公司裡，就算許多工人任意地使喚他，詹姆斯也毫不介意。他的工作態度雖然慢慢地獲得人事部經理的好感，但是仍然沒有錄用他的打算。

一九九〇年初，維斯卡亞公司面臨了訂單被退回的危機，退回的理由都是產品品質有問題。公司蒙受嚴重的損失，董事會緊急召開會議，可是卻沒有人提出解決的方法。就在這個時候，詹姆斯要求參加會議，並且說自己有解決的方法。

在會議中，詹姆斯把問題出現的原因詳細地做了解釋，還就工程技術上的問題提出自己的看法。接著，他拿出自己的設計圖，這個設計非常先進，不但保留了原來機械的優點，同時也克服了已經出現的弊病。

原來，詹姆斯利用清潔工可以到處走動的優點，仔細察看了公司各部門的生產情況，並且一一做了詳細的記錄。觀察的過程中，他不僅發現了問題，還想出了實際解決的辦法。

董事們見到這個清潔工竟然有這麼大的本事，個個都露出訝異的表情，馬上詢問他的背景以及現況。經過董事會舉手表決之後，詹姆斯立刻被聘請爲公司負責生產技術問題的副總經理。

看看詹姆斯的例子，千萬不要感到驚訝，在這個瞬息萬變的社會，今天的清潔工，也許明天就是你的頂頭上司。

那些你原本不放在眼裡的人一旦超越了你，就算他不跟你計較，你還是得花更多的時間才能彌補之前所犯的錯誤。

所以，與其浪費時間來彌補可能再也補不好的嫌隙，還不如平時就學習謙虛待人。每個人都有不同的優點和特質，學著看對方的優點，總比心高氣傲，爲自己樹立更多敵人，要來得有建設性！

先跨出第一步再說

只要確定目標，那麼就勇敢地踏出你的步伐吧！所有的障礙，都會在你跨出步伐時，找到理想的解決辦法。

並不是每個人都可以一開始就設計出一個完美的夢想藍圖，絕大多數的人都是在生活中，慢慢地摸索出自己到底想要些什麼，並且從不斷地行動中，讓藍圖逐漸成眞。

跨出第一步的實際行動，遠比擬定一大堆華麗的計劃重要。

倘使不願意積極踏出第一步，那麼腦海中的夢想藍圖不但沒有修正的空間，最後也會淪爲紙上談兵。

某個成功學大師到墨西哥巡迴演講時，有一對夫婦特地到休息室來拜訪他，希望這位大師能夠替他們目前生活上遇到的問題，提供一些有效的建議。

這個妻子對大師說：「我們一直希望能在高級住宅區擁有一棟房子，我們已經夢想好多年了。」

大師問：「那爲什麼還沒有呢？」

丈夫嘆了口氣，回答道：「這談何容易？我們的存款不夠。」

大師說：「既然你們已經知道你們想要的是什麼了，缺錢又有什麼關係呢？不要讓金錢阻止你們跨出第一步。」

這句話讓夫婦兩人下定了決心要努力完成夢想。經過一段時間之後，這對夫婦再度前來拜訪大師，這個妻子對大師說：「我們從墨西哥來到美國，是專程爲了來感謝您的。」

大師有點驚訝：「爲什麼要感謝我？」

「要不是您，我們也許永遠都沒有辦法擁有新房子。」

丈夫接著說出事情經過：「有一天，我們有幾位美國朋友打電話來，要我送他們到高級住宅區去。那時我們都已相當疲倦，原本打算拒絕的，可是突然想到你對我們說的『跨出第一步』，於是我們決定送他們到那裡。當我們到了高級住宅區之後，我們看見了自己夢寐以求的房子正在出售，於是我們就買下了它。」

大師好奇地問：「你們要怎麼負擔房子的費用呢？」

妻子回答：「我們買了兩間房子，再將其中一間租出去，這樣一來，那棟房子的租金就可以貼補房貸的分期付款；再加上我們原來的存款，剛剛好能讓我們完成夢想。」

奧維德曾說：「沒有勇氣過好今天的人，明天會過得更糟。」

其實，一個人能不能順利完成夢想，並不在於先天擁有什麼能力，而在於是否擁有下定決心執行的勇氣。

千萬要記住，只要有勇氣去面對，一切的問題都會迎刃而解。

如果這對夫婦一直抱持著「存款不夠，所以買不起房子」的心態，那麼他們永遠也沒辦法擁有自己想要的房子。

因爲他們跨出了第一步，所以不但讓美夢成眞，也想出了解決問題的方法。由此可知，確定目標，絕對是成功的第一步！

只要確定目標，那麼就勇敢地踏出你的步伐吧！所有的障礙，都會在你跨出步伐時，找到理想的解決辦法。

你的眼睛長在背上嗎？

若沒有漫長的努力，成就也不會憑空出現，只有努力再加上毅力，成功才會在不經意的時候，出現在堅持的人面前。

人們常常會引用蘋果落在牛頓頭上，讓他發現萬有引力定律的例子，來說明偶然對事件的影響力。

不過，我們卻忽略了最重要的一點：在蘋果落下之前，牛頓並不是癡癡地在樹下等待著，而是累積了許多年的研究，才會從偶發事件中得出這個衆人都無法想到的結論。

人們總會有這種刻板印象，認爲成功人士的所作所爲一定都很了不起。其實，像牛頓這些擁有創見的科學家們，他們所研究的，都是一些日常生活中所發生的現象。

唯一不同的，就是他們能從這些大家都知道的普遍現象中，看到不平凡的內在或事物與事物的關聯。

例如，在天文學家伽利略之前，很多人都知道懸掛的物體會有節奏性來回擺動的特性，可是卻只有伽利略能從中看出其價值，並且歸納出一般人無法得到的結論。

十八歲的伽利略在比薩教堂中，看到懸掛的油燈來回盪個不停，想出了計時的辦法。經過五十年的潛心鑽研，伽利略終於成功發明了鐘擺，這項發明對於精確計算時間和從事天文研究，都產生了十分重大的作用。

還有一次，伽利略偶然間得知一位荷蘭眼鏡商發明了一種儀器，透過這個儀器，可以清楚地看見遠方的物體。這個消息促使伽利略開始研究這一現象背後的原理，讓他成功地發明了望遠鏡，從而奠定現代天文學的基礎。

所羅門王說過：「智者的眼睛長在頭上，愚者的眼睛卻長在背上。」只有具備洞察力的人，才能穿透事物的表象，深入到事物的內在結構和本質，並且透過觀察比較，發現各種事物內在的差異和價值。

所有的發明，都不可能是漫不經心的觀察就能發現的。

有些人將自己的成功歸功於偶然的機遇，但不可否認的是，若沒有之前漫長的努力，這些成就也不會憑空出現。

只有不斷努力再加上超越常人的毅力，成功才會在不經意的時候，出現在堅持到最後的人面前。

「敬業」，就是脫穎而出的利器

付出越多，就可能做得越好。只要稍微捨棄自己的個人主義，「敬業」就可以成為讓你脫穎而出的利器。

現代人換工作的速度跟換衣服一樣，加上個人主義作祟，對公司或工作的向心力更是日趨淡薄，不只容易質疑公司政策的正確性，更容易因爲個人的情緒，而影響到工作的品質。

打從布隆伯格被所羅門公司錄用的那一刻起，他就認爲自己是一個「所羅門」人，必須展現應有的敬業精神。

所羅門公司看重能力，接受異議，對所有員工一視同仁的態度，讓布隆伯格覺得在這個環境中簡直如魚得水、十分滿意。

在當時的華爾街，組織的重要性遠遠超過個人，如果你不是這家公司的創始成員的話，要進入這家公司可不是一件容易的事。布隆伯格很珍惜自己的工作機會，所以他總是除了老闆比利．所羅門之外，每天第一個上班的員工。因爲辦公室都沒有人，所以布隆伯格的存在更讓老闆印象深刻。

布隆伯格二十六歲時，就成了高級合夥人的好朋友，而且除了最早上班之外，他也常常是最晚下班的。布隆伯格的勤奮使他開始在同事中嶄露頭角，他的機會也比別人多了許多。

布隆伯格的敬業精神從學生時代就已經表露無遺。

他曾經在一個小房地產公司打工，和他一起來打工的學生總是遲到早退，心思根本不在工作上。

布隆伯格就不一樣了！他從早上六點半就開始上班，八點之前所有打電話來詢問租房的人，都能立刻獲得滿意的答覆。而其他的人卻一直到九點半才開始上班工作。

布隆伯格的態度不但爲公司建立了良好的形象，替自己帶來了不少業績獎金，也替自己奠立了成功的基礎。

幽默作家馬克·吐溫曾說：「每天務必做一點你不願做的事，這是一條寶貴的準則，因為它可以讓你發現自己的生命潛力。」

不要爲了眼前的處境煩憂，成功其實沒有想像中那麼困難，只要秉持敬業精神把眼前的大小事做好，很快就可以爲生命塗上豐富的色彩。

也許你不能選擇工作，但是你絕對可以選擇讓自己「敬業」或「不敬業」。也許有極少數人可以不努力就獲得成功，但這個機率幾乎是微乎其微，因爲，只有付出越多，才能做得越好。

只要稍微捨棄自己的個人主義和好逸惡勞的缺點，「敬業」就可以成爲讓你脫穎而出的利器。

從別人的眼中發現自己的不足

在乎別人的看法並不等於是接受別人的束縛，而是藉由別人的眼光來發現自己的不足，並且讓自己更有進步的空間。

「只要我喜歡，有什麼不可以」，這句許多年前的廣告詞，至今還有許多人津津樂道，特別是那些覺得自己很有「個性」的人，更是將這句話奉爲經典名言，成天掛在嘴邊。

其實，現實生活中若是太自以爲是，只會讓別人覺得你幼稚而已。

有一個少年到一座農場去應徵，農場主人看到少年，便問他說：「你想在我的農場工作是不是？」

「是的，先生。」少年必恭必敬地回答。

農場主人接著問：「那麼，你可不可以拿出一張證明書，來證明你是個工作認眞，並且値得信賴的人呢？」

少年立即回答說：「當然可以！我可以去找雜貨店的老闆邁格斯先生，他以前僱用過我。」

農場主人說：「那好，你去把邁格斯先生找來，讓我跟他談談。」

少年離開了農場，可是過了一整天，不但邁格斯先生沒來，連少年也不見蹤影，沒有再回到農場。農場主人覺得很奇怪，於是第二天一早便到鎮上去找那個少年。

農場主人看到少年，便問他說：「你昨天跑哪裡去了？爲什麼沒有把邁格斯先生帶來農場呢？」

「很對不起，」少年跟農場主人道歉：「因爲我沒要求他到農場去。」

「爲什麼？」農場主人疑惑地問。

「啊！那是因爲他跟我說了有關你的事。」

德國哲學家叔本華曾經寫道：「為什麼世上雖有鏡子，但是人卻從來不知道自己有什麼弱點。」

的確，人很容易自以爲是，也很容易從自己的角度衡量別人，卻忽略了自己在別人眼中究竟是什麼模樣。

這雖然只是一個故事，卻說明了別人對自己評價的重要。即使是與自己不同地位或是不同領域的人，也不可忽略他們的看法，因爲這些看法或評價都是自己造成的。

在乎別人的看法，並不等於是接受別人的束縛，反而是藉由別人的眼光來發現自己的不足，並且讓自己更有進步的空間。

該說謊的時候，還是得說

雖然說謊不是好事，但是偶爾一兩句善意的謊言，會帶來令人意想不到的驚喜效果。

說謊，連三歲小孩子都知道這是一種壞習慣，可是，在大人的世界裡，總是誠實地直來直往，有時候反而會吃大虧。大家都喜歡聽好話，因此善意的謊言是有必要存在的。

善意的謊言最忌諱的就是過於誇張，而且要配合適當的時機和場合，這樣才能讓謊言發揮出最大的效果。

在一次盛大豪華的舞會上，甲對舞會的主人——一位徐娘半老，但仍然風韻猶存的女士說：「看到您，不禁使我想起您年輕的時候。」

女士微笑地問：「我年輕的時候怎麼樣？」

「很漂亮。」甲回答。

「難道我現在不漂亮嗎？」女士開玩笑地問。

沒想到甲竟然非常認眞地回答：「是的，比起年輕時候的您，您現在的皮膚不但鬆弛，缺少光澤，甚至還有不少皺紋。」

這位女士聽完甲的回答，臉上一陣白一陣紅，十分尷尬地瞪著甲，剛才的自信完全消失了。就在這個時候，乙適時出現在這位女士的面前，彬彬有禮伸出手，對她說：「不知道我有沒有這個榮幸，請舞會上最漂亮的女士一起跳舞呢？」

女士的眼睛頓時亮了起來，立刻接受了乙的邀請，隨即兩個人在舞池裡跳了首舞曲。這時，女士像突然變了一個人般，全身散發著迷人的魅力，就像個漂亮的年輕女孩！

豈知，舞會過了沒幾天，甲和乙同時收到一封訃文，那位女士突然死了。不過，乙比甲還多收到了一封遺囑，這位女士在遺囑中註明，將自己所有的財產留給乙。

波斯作家薩迪曾說：「口中的舌頭是什麼？它是智慧寶箱的鑰匙，只要不打開，誰都不知道裡面裝的是珠寶還是雜貨。」

談話的時候，並不是什麼話都可以脫口說出。會傷害別人的話，就算是實話，也要儘量少說，否則只會自討苦吃。

有一句西洋諺語：「一滴蜂蜜能比十升膽汁招來更多的蒼蠅」，由此可見甜言蜜語比毫不留情的實話更能夠吸引別人。

雖然說謊不是好事，而且謊言一旦被拆穿，下場往往比說實話還慘，但是偶爾一兩句善意的謊言，會帶來令人意想不到的驚喜效果。

要追求理想，也要兼顧現實

與其找一個完美的情人，還不如尋找能夠包容自己缺點的情人，只要能夠互相包容，那麼是不是完美，又有什麼重要呢？

理想一旦脫離現實，就會讓人內心充滿苦惱；唯有認清理想與現實的差距，才能讓現實與理想交融在一起，演奏出美妙的人生旋律。

理想和現實總是有差距的，理想不管有多完美，一旦碰到了現實生活，再完美的理想也必須適度地妥協，否則，到最後便會坐失良機。

有一個老人，身上背著一個破舊不堪的包袱，臉上佈滿了歲月的痕跡，腳下的鞋子因爲長途跋涉而破了好幾個洞。這個老人的外表雖然很狼狽，但眼睛卻是炯炯有神，總是仔細而且專注地觀察著來往的行人。

這樣的一個老人立刻引起當地人的好奇，有個年輕人終於忍不住地問老人說：「請問，您是在尋找些什麼嗎？」

老人嘆了口氣，緩緩地回答道：「我從你這個年紀開始，就發誓要找到一個完美的女人，然後娶她爲妻。於是，我從自己的家鄉開始尋找，經過一個又一個城市，可是一直到現在，都還沒有找到一個完美的女人。」

「找了那麼多年，難道還找不到完美的女人嗎？會不會這個世界上根本就沒有完美的女人存在呢？」年輕人聽完老人的敘述後，認真地問道。

老人斬釘截鐵地回答說：「這個世界上眞的有完美的女人存在！我在三十年前就曾經找到過。」

「那麼，您爲什麼不娶她爲妻呢？」年輕人繼續問。

老人聽了，幽幽地嘆了口氣，悲傷地回答：「當時，我立刻就向她求婚了，但是她卻不肯嫁給我。」

「爲什麼呢？」

「因爲，她也在尋找這個世界上最完美的男人！」

只要不過度苛求，生命中處處是機會，就算失意或挫折也可以是機會的另一種變身。我們應該試著將理想落實到現實生活，如此才會充滿追求的喜悅，不至於因爲過分吹毛求疵而錯失良機。

十全十美的人只會出現在小說或電視裡，而不會存在於眞實的生活中。因此，與其找一個完美的情人，還不如尋找一個能夠包容自己缺點的情人，只要能夠互相包容、配合，那麼是不是完美，又有什麼重要呢？

不論待人或處事也是如此，太過堅持完美，只會讓自己變成食古不化、自討苦吃的大傻瓜。

生命有限，慾望無窮

慾望是無窮無盡的，但是生命卻正迅速地流逝，當你發現時，或許已走到離終點不遠的地方了。

幽默作家馬克・吐溫曾說：「我們如果把一生好好度過，等到死的時候，就連殯儀館的老闆也會感到惋惜。」

其實，生老病死只是人生必經的流程，再多的嘆息與悔恨也喚不回逝去的生命。我們唯一能做的，就是體認生命的無償，好好珍惜自己有限的時間，不要把生命浪費在無意義的事情上。

佛經上有一個這樣的故事。

從前，舍衛國有一個名叫翟縣彌的女孩子，容貌秀麗，身材也很苗條。翟縣彌後來嫁給一個年輕的富翁，生了一個聰明可愛的孩子，以世俗的眼光來看，翟縣彌是非常幸福的。但是，不幸卻突然降臨到她身上，她的孩子剛學會走路的時候，就因爲意外而夭折了。

霍縣彌因此非常痛苦，整天抱著已經死去的孩子，到處請教別人能不能救活。可是，她所遇到的人都表示愛莫能助，直到有一天，有個人告訴她不妨去請求佛陀釋迦牟尼。

那個人說：「聽說佛陀有世上最好的藥，說不定他能救活妳的孩子！」

霍縣彌立刻跑去求佛陀：「佛陀！聽說您有可以救活我孩子的藥，請您發發慈悲，救救我的孩子吧！」

佛陀對霍縣彌說：「我可以救活妳的孩子，但是，妳必須先去要一些芥菜的種子來。而且，這些芥菜的種子，必須來自沒有任何親人死亡的家庭才可以！」

霍縣彌非常高興，以爲孩子有救了，便按照佛陀的指示，沿街敲門詢問：「你們家有沒有芥菜的種子？」

每戶人家都說家裡有芥菜種子，可是每戶人家也都說家中有人死亡過。她挨家挨戶地問，每一家都很樂意幫助她，只是她卻找不到一戶從來沒有親人去世的家庭。

天色漸漸晚了，疲累不堪的霍縣彌終於明白：「在這個世界上，不是只有我的孩子會死，任何人家都曾經有親人過世啊！」

霍縣彌的悲傷終於隨著這個領悟而慢慢消失，她擦乾了自己的眼淚，在城外把孩子埋葬了。

歌德曾經寫道：「誰若遊戲人生，他就一事無成，誰若不做自己的主宰，就永遠只能做一個輸家。」

雖然，珍惜時間不能增添一個人的壽命，然而懂得活在當下，卻可使生命變得更有價值。逝去的人事物固然還活在我們的腦海，然而，過度沉緬無疑是無意義的陪葬行爲。

如果你想把所剩不多的時間變得更有意義，就必須清理雜蕪的思緒，認清自己想要的究竟是什麼，善於利用自己的每一天。

「生死有命，富貴在天」，這是一句大家都耳熟能詳的諺語。當你還在汲汲營營於爭名奪利，或是終日渾渾噩噩無所事事的時候，請思考一下到底什麼才是最重要的！

畢竟，慾望是無窮無盡的，但是生命卻正迅速地流逝，當你發現生命的眞諦之時，或許已走到離終點不遠的地方了。

11

PART

節制，是邁向成功的第一步

如果你想成功，
就必須懂得控制自己、懂得抗拒誘惑，
那麼你才能循著自己的目標，獲得理想的成果。

分享的果實，格外甜美

懂得感恩的人，才能得到真正的肯定和讚美；學習和他人分享成功，那麼成功的果實才會加倍甜美！

在以利己爲優先的現代社會，不只付出之時得斤斤計較，甚至還會以利害的有無，來區分彼此間的關係。

如果，每個人都吝於付出和分享的話，那麼我們如何能得到別人的幫助？我們又怎麼能獲得分享的喜悅呢？

十五世紀時，紐倫堡附近的一個小村莊裡，住著一戶姓杜勒的人家。這戶人家有十八個孩子，當金匠的父親幾乎得不眠不休地工作，才能勉強讓全家人獲得溫飽。

儘管家境如此貧困，但是杜勒家最年長的兩兄弟卻都渴望當藝術家。他們都很清楚，父親在經濟上絕對沒有辦法供應他們到紐倫堡的藝術學校學畫，想要學畫，只能靠自己想辦法。

兄弟兩人經過無數次的討論之後，最後選擇以擲硬幣的方式來決定誰先去學畫。他們是這麼計劃的：輸的人要到礦場去工作四年，用他的收入供應到紐倫堡上學的兄弟；而獲勝的人則可以在紐倫堡讀四年書，然後再用他賣出作品的收入，支持另外一個兄弟上學。

在一個星期天，做完禮拜之後，兄弟兩人擲了硬幣，結果是阿爾勃勒希特贏了。於是，阿爾勃勒希特便高高興興地離家到紐倫堡上學，另一個兄弟艾伯特則先到礦坑去工作，並且往後的四年都必須資助阿爾勃勒希特。

阿爾勃勒希特的才華很快地便引起了人們的注意，從紐倫堡大學畢業時，他的作品已經帶來了相當可觀的收入。

爲了慶祝阿爾勃勒希特衣錦還鄉，杜勒一家準備了豐盛的大餐歡迎他回來。在餐桌上，阿爾勃勒希特對艾伯特說：「現在，艾伯特，你可以去紐倫堡實現你的夢想了，今後輪到我照顧你了。」

誰知，聽到這些話的艾伯特，淚水竟緩緩地從臉頰流下，哽咽著說道：「已經不可能了。」

原來，這四年粗重的礦工生活使艾伯特的手產生了巨大的變化。他的每根手指至少都受過一次骨折，現在更受到關節炎的折磨。如今的艾伯特，連拿酒杯都很困難了，更不用說拿筆在畫布上畫出精緻的線條了。對艾伯特來說，自己的夢想已經不可能實現了。

阿爾勃勒希特知道後，忍不住捧著艾伯特的雙手痛哭失聲。爲了報答艾伯特的犧牲，阿爾勃勒希特便將艾伯特那雙飽經磨難的手用心地畫了下來，而這幅畫，也就是日後舉世聞名的傑作——《手》。

俄國作家托爾斯泰曾經在著作《童年．少年．青年》中寫道：「生活在世界上的，不僅僅是我們自己，並不是一切都以我們為中心。這個世界上還有其他人生活著，你必須懂得尊重他人。」

一個人之所以能獲得輝煌的成功，背後往往有許多人的付出和犧牲，應該時時懷著感恩的心情。

很多人談到自己的成功歷程時，常常會強調自己的努力，以及一路遭遇的挫折和阻力。但是，他們卻忘記了，倘若沒有家人的支持，他們怎麼會有繼續前進的動力？沒有朋友的激勵，他們怎麼能走過那段不如意的歲月？

懂得感恩的人，才能得到眞正的肯定和讚美；學習和他人分享成功，那麼成功的果實才會加倍甜美！

批評你的人，不一定是壞人

如果沒有勇氣面對外在的批評或打擊，那麼怎麼能夠從競爭激烈的環境中脫穎而出呢？

沒有人喜歡被批評，無論是私底下或是公開場合，被別人批評總是一件令人難堪的事。

可是，批評無疑是一個人精益求精的動力。如果你的周圍沒有一個人批評過你，這並不表示你就是個優秀的人，而是說明你是一個脾氣大的傻瓜，沒有接受批評的雅量而已。

艾列克在大學主修音樂，每天練習超過八個小時，同學們都對他這種對音樂的執著感到相當佩服。由於在校的成績相當優異，畢業之後，他如願以償地申請到獎學金繼續深造。

過了一段時間之後，艾列克的大學同學偶然在路上遇見他，發現整個人都變了，從以往的神采飛揚，變得十分低沉消極。

原來，艾列克雖然申請到最好的音樂學院的獎學金，但是只讀了八個月就輟學了。

他之所以決定輟學，主要原因是音樂學院的環境和大學不同，聽他演奏的對象並不是一般人，而是擁有專業音樂素養的精英，同時還得接受各種不同的批評。

這些批評有的很中肯，有的卻是惡意中傷。艾列克沒有辦法承受這種種的批評，開始一蹶不振。

艾列克非常沮喪，不管親朋好友怎麼勸導，都無法讓他釋懷。

後來，艾列克決定回大學去拿教育學位，改行當音樂老師。但是，他已經對音樂失去信心，當了老師，同樣不熱衷於教學，慢慢地放棄原本深愛的音樂了。

作家孚希特萬格曾說：「只有傻子才會對照出自己容貌的鏡子生氣。」

這番話告訴我們，面對別人的批評，先按捺住情緒，勇敢檢討自己所有的缺失，才是明智之舉，才是邁向成功之道。

由於沒有接受批評的勇氣，最後艾列克放棄了自己的夢想。

由此可見，要成爲一名成功人物，除了立定目標之外，勇氣也是不可或缺的條件。如果沒有勇氣面對外在的批評或打擊，又怎麼能夠從競爭激烈的環境中脫穎而出呢？

找出生活的彈性

若想要在社會上立足，就要懂得因地制宜，多磨練自己的性格，才能夠讓別人自然而然地接受你的原則。

有原則是一件好事，也是生活中不可缺少的做事準則。

不過，講求「原則」也得看事件、看場合，要是不管任何事情都只顧著堅持原則的話，不但自己會活得很辛苦，人際關係也會大受影響。

凱文·伯內特在選擇朋友上，自有自己的一套標準，最不屑與那些虛偽做作、口是心非的人交往。

有一次，他參加一個旅行團，團裡有一個人爲人坦蕩、性格豪爽、說一不二，正是凱文心目中可以結交的朋友類型。但是，幾天的相處下來，大家不但不覺得和他在一起很開心，反而都覺得和他相處得很不愉快。

原因就是這位仁兄太過於坦蕩蕩了，什麼話都說得出口，連粗話也是一樣。跟他交談，從來沒有商量妥協的餘地，而且他說話辦事不看場合，不但十分直言不諱，還常常讓人下不了台、十分難堪。

漸漸地，人人都對他敬而遠之。

凱文剛開始還覺得很困惑，心裡想：我們不是一直要求別人眞誠坦率嗎？爲什麼大家會對他的言行舉止感到反感呢？

後來凱文明白了，原來眞誠坦率是指一個人內在的本質，而不是行爲上的「眞誠坦率」。

從此之後，凱文對朋友的選擇標準也就慢慢改變，不再那麼嚴苛了。

生活中處處需要彈性，這樣才不會讓自己感到疲乏。

太堅持原則的人，只會自討苦吃，只會讓自己到處碰壁。想要在社會上立足，就要懂得保持彈性、因地制宜，多磨練自己的性格，才能讓別人自然而然地接受你的原則。

如此一來，你不但可以成爲一個受人歡迎的人，更不會違背自己的原則，讓生活更能符合自己的要求和目標。

節制，是邁向成功的第一步

你想成功，就必須懂得控制自己、懂得抗拒誘惑，才能循著自己的目標，獲得理想的成果。

在別人面前，人總是想展現最完美的一面，但是無法自我控制的人，一受到外物影響，就會暴露出本來的心性。

「節制」兩個字說來容易，做起來卻很難，有時候就算提醒自己要節制，但還是會不由自主地受到外在環境誘惑。

有一個商人，在商店的櫥窗上貼了一張徵人廣告：「誠徵一個能自我克制的年輕人，薪水每星期六十美元。」

這個特別的徵人廣告在小鎮裡引起了討論，也引來了眾多躍躍欲試的求職者，但是每個來求職的人都要經過一個特別的考試。

商人要求求職者必須在他的辦公室裡，毫不間斷地朗讀一段文章。朗讀開始的時候，商人會放出六隻小狗，小狗們在求職者的腳邊玩鬧，每個求職者都會忍不住看看這些可愛的的小狗。視線一轉移，朗讀就會停止，當然求職者也就失去了機會了。

商人前前後後面試了七十個人，卻沒有一個人達到標準。最後，終於出現了能一口氣讀完的求職者。

商人很高興地對這位求職者說：「我想你應該知道有小狗存在。」

求職者點點頭，並且微微一笑。

「那麼，爲什麼你不看牠們？」

求職者回答：「因爲我說過，我會毫不停頓地讀完這一段。」

商人讚賞地點點頭說：「你錄取了。我相信你以後一定會成功的。」

商人說得沒錯，這個年輕人日後果然成爲了著名連鎖企業的經營者。

英國哲學家羅素曾說：「一個人越不懂得控制自己的人，越是察覺不出自己傷害了別人，也傷害了自己，因為眼前的事物蒙住了他的眼睛。」

我們經常可以看到打架鬧事、酒醉駕車等醜態百出的新聞，這些都是因爲不懂得節制才會造成的後果。

一個知道節制的人不會做出越矩的事，更不會因爲一時的誘惑而破壞原本的計劃。想成功，就必須懂得控制自己、懂得抗拒誘惑，如此才能循著自己的目標，獲得理想的成果。

藉口，只會證明你的懦弱

在一個沒有勇氣嘗試的人眼中，做任何事情都是危險的，只有願意嘗試的人，才能從危險中看出樂趣所在。

當一個人不願意做某件事的時候，各種稀奇古怪的藉口就會出現；而各式各樣的藉口，其實都是爲了隱藏自己沒有勇氣接受挑戰。

湯姆斯住在英格蘭的一個小鎮上，從來沒有看過海。有一天，他終於來到海邊，可是那天因爲天氣的關係，海面上波濤洶湧，並且籠罩著大霧。看到這個情

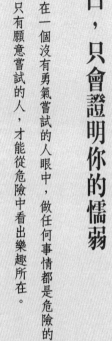

形，湯姆斯心想：「幸好我不是水手，當水手眞是太危險了。」

後來，湯姆斯在岸邊遇到一個水手，兩個人開始交談起來。湯姆斯不解地問：「你爲什麼會喜愛大海呢？海水那麼冷，而且還瀰漫著大霧。」

水手回答：「海不是每天都這樣的，它也有美麗的時候。」

湯姆斯又問：「可是，當水手不是很危險嗎？」

水手耐心地解釋：「當一個人熱愛他的工作時，是不會想到危險的，而且我們家每一個人都愛海。」

湯姆斯很好奇地問：「那你的家人呢？」

水手回答：「我的祖父、父親和哥哥都是水手，而且都因爲在海上發生意外而過世了。」

湯姆斯同情地說：「如果我是你，我一輩子都不會靠近海。」

水手聽了這話，反問湯姆斯：「那你願不願意告訴我，你的父親和祖父到底是在哪裡過世的？」

湯姆斯回答：「他們都是在家裡斷氣的。」

「喔？按照你的說法，如果我是你的話，」水手說：「我是不是應該永遠也不要回家了？」

古羅馬思想家賀拉斯曾經這麼寫道：「沒有勇氣超越自己的人，永遠享受不到真正的成功滋味。」

的確，成功者和失敗者最大的差別，其實就在於成功者從不找藉口，他們只會用行動戰勝自己的懦弱。

在一個沒有勇氣嘗試的人眼中，做任何事情都是危險的，只有願意嘗試的人，才能從危險中看出樂趣所在。

如果你眞的不願意勇往直前，不妨直接承認，不要假借各種藉口。藉口越多，只不過越證明你的懦弱而已，坦率地承認，至少比較光明磊落，也比較能得到他人的認同。

適時切斷自己的慾望

只有聰明的人，才懂得在適當的時候切斷自己的慾望，而且只有適時地切斷自己的慾望，你才能達成更多的願望。

每個人都會有慾望，不論是名還是利，總是希望越多越好。雖然慾望是讓人奮發向上、勇往直前的動力，但是得適可而止，慾望要是太超過，就會變成貪婪。如果什麼都想要，貪得無饜的結果，反而會讓自己落得什麼都沒有的下場。

有一個神仙下凡閒遊的時候，正好遇見一個凡人在趕路，於是便與這個凡人結伴同行。

凡人走到一半時突然覺得口渴，想找點水喝。他並不知道旁邊的同伴是神仙，只看見這位同伴的腰間掛著一個葫蘆，於是便開口問道：「你的葫蘆裡面有沒有裝水？」

神仙慷慨地解下腰間的葫蘆，遞給凡人說：「這裡有滿滿一葫蘆的水，你要喝就儘管喝吧！」

凡人喝了葫蘆裡的水之後，不但止了渴，還覺得精神百倍，連日趕路的疲勞似乎都消除了。

又走了一會兒，凡人突然異想天開地看著葫蘆說：「要是你的葫蘆裡裝的是酒，不知該有多好！」

神仙笑了笑，又把葫蘆遞給了凡人，說道：「裡面是滿滿一葫蘆的酒！你想喝就喝吧！」

凡人半信半疑地接過葫蘆，一喝之下，發現裡面的水竟然都變成了酒，而且

香醇無比。

凡人非常驚訝，心裡暗自想道，自己一定是遇上神仙了，不然怎麼可能要什麼有什麼呢？

凡人發覺了這一點，很高興地對神仙說：「你的葫蘆裡要是裝著可以長生不老的仙丹，該有多好！」

神仙聽了凡人的話，便笑著打開葫蘆的塞子。凡人以爲神仙要把仙丹倒進自己的口中，於是便張開嘴等著接，沒想到神仙什麼也沒有倒出來，只是搖了搖葫蘆，就這麼消失蹤影了。

法國文豪雨果在《笑面人》裡寫道：「仔細研究一下我們一切的慾望，我們會發現，幾乎所有的慾望都包含著難以啟齒的內容。」

難以啓齒的慾望通常是負面的、猥瑣的，既然這麼難以啓齒，那就即時切斷這種不當的想望吧！

只有聰明的人，才懂得在適當的時候切斷自己的慾望。

當然，所謂的切斷，並不表示你必須就此放棄一切想望，而是要你換個恰當的方法來達到目的。

就像故事中的凡人，如果不是那麼急躁地要得到長生不死的仙丹，神仙也不會覺得他貪得無饜，這麼快地消失。

做事時也是如此，循序漸進一定比毛毛躁躁來得穩當，只有適時切斷自己的慾望，你才能達成更多的願望。

別讓「優勢」成爲鬆懈的藉口

如果優勢不能成為你的助力，反而會成為你的阻力的話，那麼這項優勢也失去了原有的意義，只是一個虛有其表的裝飾品罷了。

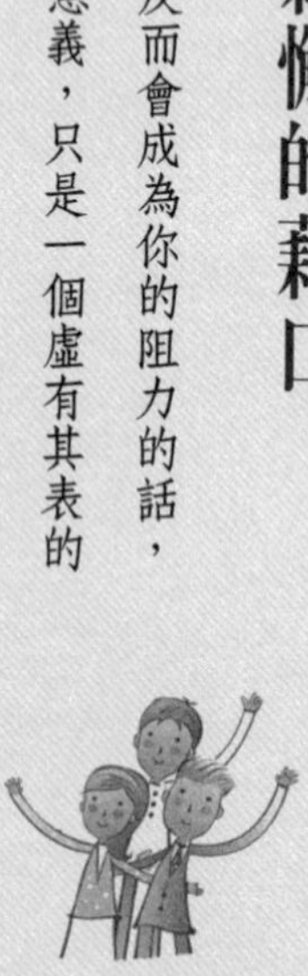

要得到競爭的優勢，對現代社會來說，並不是非常困難的事，尤其科技的發達，讓訊息和資源的取得都變得比以往要容易。但是，即使擁有了優勢，也不保證接下來就會一切順利。

有時候，優勢反而會讓自己開始疏忽、大意，反而變成自己的絆腳石。

有三個旅客同時住進了一家旅店。早上三個人要出門的時候，第一個旅客帶了一把傘，第二個旅客拿了一根拐杖，第三個旅客則什麼也沒有帶。

等到晚上回來的時候，第一個旅客居然全身都溼透了，第二個拿著拐杖的旅客則摔得滿身是傷，而第三個什麼都沒帶的旅客，卻平安無事地回來了。

旅店老闆覺得很奇怪，便問第一個旅客說：「請問你爲什麼全身溼透了呢？你不是有帶傘嗎？」

第一個旅客回答說：「因爲我拿了傘，所以下雨時，我毫不在乎地快步向前走，沒想到卻被地上的積水弄得全身都濕透了。」

老闆接著問第二個拿枴杖的旅客說：「你爲什麼摔得全身是傷呢？」

第二個旅人回答道：「因爲我拿了枴杖，所以在泥濘坎坷的路上我就拄著拐杖快步走，卻因爲地上太滑，枴杖撐不住而摔跤。」

第三個旅人聽完前面兩人的話後，不等老闆開口，便說道：「我之所以平安無事，是因爲當雨來的時候，我就去躲雨；當路不好走時，我就更加小心地慢慢走。」

人很容易因爲擁有某些優勢而錯估形勢，想要獲得成功，有時並非僅僅在於如何發揮自己的優勢，更要審慎評估眼前的情勢。

如果你的優勢反而讓你鬆懈的話，那麼這種優勢還不如不要！

優勢只是幫助你節省時間的助力而已，它需要妥善運用，功能才會出現。如果這項優勢非但不能成爲你的助力，反而會成爲你的阻力的話，那麼這項優勢也失去了原有的意義，只是一個虛有其表的裝飾品罷了。

期許自己做個成功的先鋒

身為領頭者，必定要有「會遭遇前所未遇的困難」的決心，堅定自己奮鬥的意志，做個成功的先鋒，而非愚蠢的犧牲品。

人生最大的危險就是一味追隨別人，不願冒任何風險。

美國著名的成人教育家兼激勵大師戴爾．卡耐基，就曾經說過一段勉勵學員的話語：「要冒一次險！整個生命就是一場冒險。走得最遠的人，常是願意去做，願意去冒險的人。」

大多數的人愛當跟隨者，就好像一群羊當中沉默的大多數，跟隨著前人的步伐，穩穩當當地走著，卻很少人喜歡做衝第一的前鋒。

因爲，大部分人都想當老鼠，不願當老虎，大家的心態都是：「這件事還沒有人做過，誰知道會有多少危險？」

上古時候，人人不懂醫藥，也不知有糧食。五穀和雜草長在一起，藥物和百花開在一起，哪些糧食可以吃，哪些草藥可以治病，誰也分不清。黎民百姓要是生瘡得病，無醫無藥，只有等死一途。

老百姓的疾苦和病痛，神農氏都瞧在眼裡。他苦思冥想了三天三夜，終於想出了一個辦法。

神農氏帶著一批人來到遠方的一個峽谷中，站在一座高聳大山的山腳下。

衆人七手八腳地上了山頂，發現山上長滿了各種各樣的奇花異草。神農氏開心極了，馬上親自採摘花草，放到嘴裡嚐嚐。爲了方便嚐百草，後來神農氏就在山上蓋茅屋居住。

有一次，他把一棵草放到嘴裡一嚐，霎時天旋地轉，一頭栽倒。臣民們慌忙扶他坐起，他明白自己中了毒，可是已經不會說話了，只好用最後一點力氣，指著面前一棵紅亮亮的靈芝草，又指指自己的嘴巴。臣民們慌忙把那朵紅靈芝放到嘴裡嚼嚼，然後餵到他嘴裡。

神農氏吃了靈芝草後，解了毒氣，頭不昏，也會說話了。從此，人們都說靈芝草能起死回生。

就這樣，神農氏一直嘗了七七四十九天，踏遍了這裡的山山嶺嶺。他嚐出了麥、稻、穀子、大豆、高粱能充飢，就叫臣民把種子帶回去，讓黎民百姓種植，這就是後來的五穀。他嘗出了三百六十五種草藥，寫成《神農本草》，讓臣民帶回去，爲天下百姓治病。

從此以後，人們漸漸懂得運用藥草，不再只能對病痛束手無策，也開始了數千年研究草藥的歷史。

做一件前人沒有做過的事，其中的危險當然是難以預料的，然而，也正是這樣勇於嘗試的人，才有可能爲人類的歷史帶來前進的力量。

如果這個世界上少了那些領頭的「前鋒」，少了他們對未知事物的探索心與冒險心，我們就無法擁有現在這麼便利、先進的生活了，也許今日的人類，還是處在遠古時期未開化的原始狀態了。

總要有人去做第一個，後繼者才能群策群力、前仆後繼；而身爲領頭者的人，也必定要有「會遭遇到前所未遇的困難」的決心，堅定自己奮鬥的意志，做個成功的先鋒，而非愚蠢的犧牲品。

因爲，世人總是記得那些成功的例子，不會把失敗者的名字掛在心頭。

12

PART

賭氣只會和自己過不去

趕走你機會的，通常都是你自己的個性，
都是為了你的一口氣。
一時任性所要付出的代價，
或許是你一生的機運。

成功與失敗就在一念之間

銅牆鐵壁不是盡頭，哪一座城堡前面沒有護城河？你可以選擇回頭，也可以勇敢突破，成功與失敗的相差有時候僅僅是一秒鐘而已。

拉羅什富科曾說：「戰勝別人，不如打敗自己，因為，最可怕的敵人，就藏在自己的心中！」

成功與失敗的結果猶如天堂與地獄，但是你知道嗎？它們的差距可能沒有你想像中的大，只要肯再多努力一點點，成功離你並不遠。

大家都知道電話的發明人是美國的貝爾，但是許多人可能不知道，另外一位德國人才是這項發明的先驅。

德國有一位中學老師叫作李司，早在貝爾發明電話之前，他就已經發明可以傳達聲音的電話。

只可惜，李司發明的電話，所能傳達的只有口哨聲，其他的聲音通過話筒，都只會變成一些嗡嗡的聲音。李司研究了很久，始終沒有辦法突破這些障礙，到了最後，他只好心灰意冷地放棄。

很久之後，貝爾也致力於電話的研究。他在檢視李司的發明時，發現李司犯了一個很大的錯誤，導致他設計的電話不能傳達人聲。

貝爾繼續李司的研究，實驗許多方法來改進李司。後來，他只是將李司電話裡的一枚螺絲放大了千分之一寸，從此，人類的聲音就可以清晰地傳達到話筒的另一端了。

僅僅千分之一寸的大小，李司就與名留千古的發明家名銜失之交臂。

相對的，如果李司當初痛下決心，咬緊牙關突破這千分之一大小的障礙，那麼我們的歷史上可能根本不會出現貝爾這一號人物。電話發明家這項榮譽，應該是由李司擁有的。

我們之所以會失敗，多半是基於我們無法戰勝自己。

陷入困境之時，大多數人都忘了，再艱困的事也總會找到解決的辦法，只要勇於面對，只要願意多換幾個角度思索，就能找到成功的契機。

成功與失敗的距離只有千分之一寸，僅這麼一點點的突破，卻造成截然不同的後果。

當你遇到瓶頸，遇到挫折時，不要太灰心，這代表你和成功的距離只差眼前的這一面牆了，只要再向前一步，自然別有一番天地。

銅牆鐵壁不是盡頭，哪一座城堡前面沒有護城河？你可以選擇回頭，也可以勇敢突破，成功與失敗的相差有時候僅僅是一秒鐘而已。

深思熟慮才能搶得先機

掌握商機不是靠運氣，而是看謀略。沒有能力的人，只會聞雞起舞，跟著別人的腳步走，撈到的，也只是別人剩下來的油水。

想要在秋天時豐收，你必須在冬天剛過，春天一來時就開始播種。成功的人永遠先想到最後，失敗的人卻永遠都只看得到眼前。洛克菲勒家族就是早播種、大收穫的最佳例證。

第二次世界大戰剛結束不久，戰勝國決定成立一個處理全球事務、調解國際紛爭的聯合組織，也就是後來的聯合國。

成立聯合國的計劃一提出來，大家的反應都相當熱烈，可是應該在什麼地方建立組織的總部，卻成了頭號問題，一下子也決定不了。

照理說，聯合國的地點應該選擇在世界一流的繁華城市，可是在任何一座繁華都市購買足夠興建總部的土地，都需要一筆天文數字的資金。

那時候的聯合國才剛起步，每一分錢都肩負著重責大任，根本沒有辦法在短時間內拿出這麼大筆資金。就在各國首腦爲此不知所措時，洛克菲勒家族得知此事，立刻出資八百七十萬美金，在紐約最精華的地段買下一塊地皮，並且在眾人驚詫的眼光中，無條件捐給聯合國。

洛克菲勒家族的義舉爲他們博得良好的名聲，也和聯合國建立匪淺的交情，但是最大的獲益人卻還是他們自己。

聯合國大樓完工以後，四周的地價跟著水漲船高，立刻飆升起來。洛克菲勒家族當初在買下捐贈給聯合國的那塊地皮時，順便也買下所有與聯合國大樓毗鄰的地皮，如今土地的價值一翻再翻，沒有人能夠計算出該家族藉著賣出這些地皮，賺回多少個八百七十萬。

想在別人的前頭，做在別人的前頭，你就掌握了正確的時機。成功不是一朝一夕，更非一蹴可及。所謂「養兵千日，用在一時」，通往成功可能只需要一步，但是在那一步之前，你必須先花上千日來部署。

掌握商機不是靠運氣，而是看謀略。

沒有能力的人，只會聞雞起舞，跟著別人的腳步走，撈到的，也只是別人剩下來的油水；而眞正的將才，他除了等待對的時機，有時還會自己製造有利的契機。

賭氣只會和自己過不去

趕走你機會的，通常都是你自己的個性，都是為了你的一口氣。一時任性所要付出的代價，或許是你一生的機運。

哲學家尼采曾經這麼說：「不僅是在必要情況之下忍受一切，而且還要喜愛這種情況。」

一個人的性格和成功、幸福，往往來自於對各種不同環境的適應能力，只要願意像尼采所說的，試著用喜愛的心情面對，那麼無論眼前遭遇什麼困難，最後都一定能克服。

你還在感嘆自己沒有碰到好機會嗎？

很多時候，不是機會不找你，而是當它來臨時，你沒有好好珍惜；一念之間，機會轉眼消逝，你再怎麼可惜也沒有用。

一位氣質好、樣貌佳的女子每天朝九晚五地上班。從早到晚，她的工作不外乎坐在辦公桌前對著電腦，或者偶而接接電話、上上網，日子雖然穩定，卻相當單調。

許多人看到她的第一個反應，都會驚爲天人地感嘆道：「妳長得這麼漂亮，不去當明星太可惜了！」

她聽了以後只能苦笑，沒有人知道，她其實是當過演員的。那一年，她才剛出社會，沒有太多歷練，一心只想往演藝圈發展。

她參加一個角色的試鏡，導演慧眼識珠，挑來挑去，最後只剩下兩個候選人，她就是其中一個。

她長得漂亮，氣質又好，和劇中的女主角簡直如出一轍，她知道，另外一位候選人根本不是她的對手。但是，由於她沒有演戲經驗，導演考慮再三，遲遲不敢做最後決定。

不料，導演在媒體上三番兩次地誇獎她，使得外界謠言四起。一會兒說她和導演有染，想用美人計來爭取這個角色；一會兒又說她人美心惡，處處與另外一位候選人過不去。

聽到這些子虛烏有的不實傳聞，一向潔身自愛的她實在嚥不下這口氣，一氣之下，拂袖而去。

她決定退出這一次的競爭，匆匆打道回南部去了。

這齣連續劇的女主角理所當然就由剩下來的那位候選人擔任，戲才剛上檔，她便因爲觀衆喜愛劇中的角色，一夜間快速竄紅。現在，人家可是紅得發紫的大明星了呢！

而十幾年來，她卻遠離處處是機會、可以一展才華的演藝圈，成了一名普遍的上班族，從事自己並不眞心喜歡的職業，偏離自己眞正嚮往的軌道；其中的遺憾和委屈，不是一口氣能道盡的。

說起來，她只是因爲當年的一口氣，而把自己的前途輸掉了。

一個人提著漁網去捕魚，不巧，當他剛到達溪邊時，天空也下起了大雨。魚捕不成，他一氣之下把漁網給撕破了，豈知氣還未平，他又一頭栽進了溪裡；溪水相當湍急，他從此再也沒有爬上來。

這個故事或許很誇張，但是類似這樣的事卻在我們周遭屢見不鮮；趕走你機會的，通常都是自己的個性，都是爲了你的一口氣。

難怪有人說「忍一時風平浪靜，退一步海闊天空」，這句話雖然是老生常談，卻非常中肯實在。

有沒有想過？一時任性所要付出的代價，或許是你一生的機運。

把每一刻當成最後一分鐘

隨時提醒自己光陰的寶貴，每一分每一秒都值得珍惜。因為我們永遠不知道，何時是自己生命裡的最後一分鐘。

莎士比亞曾說：「時間的無聲腳步，是不會因為我們有許多事情需要處理，而稍停片刻的。」

人人都知道光陰可貴，但我們對時間的浪費，卻總是在不知不覺中。

深夜，在加護病房裡，癌症患者正準備迎接他生命的最後一分鐘，死神如預期般的來到他身邊。

病人絕望地向死神懇求：「請再給我一分鐘時間，我要用這最後的一分鐘，最後一次看看天、看看地；最後一次想想我的親人、我的朋友，或者最後一次聽一聽風聲，聞一聞花香……」

死神說：「你的要求並不算過分，但是我不能答應你。因爲你想做的這一切，我早就留了時間給你去完成，但是你卻沒有珍惜。不相信的話，你看一下我給你列的這一份單。

在你六十年的生命中，你花了一半時間在睡覺；這是人之常情，我不怪你，這三十年就算是我佔了你便宜吧！但是，在剩下的三十年當中，你嘆息時間過得太慢的次數一共是一萬零三百二十八次，因此，你也想出許多排遣這些無聊時間的方法。

其中，你每天花兩個小時打麻將，從年輕到老年，你一共耗去六千五百個小時，也就是三十萬分鐘。

另外，你花不少時間喝酒，加起來和你打麻將的時間差不多。

此外，你上班時間老是盯著手機看，或是坐在那裡發呆，再不然就對張三說李四的壞話，又對李四說張三的壞話；這些事情所耗去的時間，比起你打麻將和喝酒有過之而無不及。

除了這些，你還無數次嘆息生命空虛寂寞；爲了消磨時間，你強拉鄰居、同事和下屬陪你聊八卦，讓他們也和你一樣浪費時間。你甚至還強搶孫子的電動玩具，還有……」

當死神想繼續往下念時，發現病人眼中的生命之火已經熄滅了。他所渴望的最後一分鐘，早已被自己在不知道什麼時候浪費掉了。

作家霍布斯曾說：「幸福是一個不斷渴望的過程，從一個目標到另一個目標，達到前者，就開闢了通向後者的道路。」

的確，如果你能夠瞭解生命只是一種自我實踐的過程，而不是根據時間長短來計算，那麼你就能珍惜當下的一分一秒，即使生命只剩下最後一秒鐘，你也會覺得自己過得很充實。

如果現在就是你生命裡的最後一分鐘，你可能不會再把它花在打麻將、喝酒、聊是非，或是玩遊戲上面。

正因爲它是生命最後一分鐘，所以你會揀一些有意義的事情來做，不敢有絲毫揮霍。

想要偷懶時，不妨告訴自己：「現在就是生命裡的最後一分鐘」，隨時提醒自己光陰的寶貴，每一分每一秒都值得珍惜。因爲，我們永遠不知道，何時是自己生命裡的最後一分鐘。

主動釋出善意，自然能贏得友誼

人跟人之間的互動，許多情緒常常是相互影響的。如果你可以先不討厭人，別人其實也未必有那麼大的理由要討厭你！

在這個強調人脈關係的年代，很多人都會暗暗羨慕別人交遊廣闊，懊惱自己欠缺人氣，認識的朋友只有小貓兩三隻。

其實，只要主動釋出善意，注意言談之時，不要老是想和別人較勁，你也可以建立豐沛的人脈。

三位外科醫生正在聊天，爭相誇耀自己的醫術厲害。

第一位說：「我曾經幫一個人把手臂接回去，現在他成了全國職棒球隊中最好的投手之一。」

第二位說：「那算不了什麼，我曾經幫一個人把腿接好，現在他已經是世界長跑選手之一了。」

第三位說：「你們的事蹟都算不了什麼。我還曾經幫一個傻瓜縫了一個微笑的嘴，現在他已經是國會議員了。」

確實，就算是傻瓜，只要笑嘻嘻地不討人厭，即便沒什麼才能，也能受到大家喜愛、步步高昇。

這可以說是在這個爾虞我詐、有時還得要拼個你死我活不可的社會裡，另外一種成功的生存秘訣。

偉大的音樂家貝多芬曾經說過一句雖然簡單，卻非常有道理的話：「你若恨誰，誰就恨你！」

人跟人之間的互動，許多情緒、愛憎常常是相互影響、慢慢形成的。如果你知道某個人討厭你，你也會不由自主跟著討厭他；如果你視某個人爲敵人，那麼他也會從你的「假想敵」，慢慢變成眞正的死對頭。

所以，有時候不妨問問自己：爲什麼要無端爲自己樹立這麼多障礙、這麼多不愉快、這麼多的負面情緒與負擔呢？

雖然在競爭者之間，經常彼此必須拼出個高下，但是我們能不能不要把這種對立不斷擴大、無限上綱？

別忘了，如果你可以先試著不討厭人的話，別人其實也未必有那麼大的理由要討厭你！

懂得記取教訓，失敗才有意義

要是今天在某個地方摔倒，錯信了某人，我們是不是能夠認真的告訴自己「下次再也不要這樣了」？

人非聖賢，孰能無過？犯錯本來就是進步的動力之一，每個人也都有犯錯的權利，不需要爲此太過苛責自己。

不過，一個坑摔一次也就足夠讓自己記取教訓了，如果在同一個地方栽了兩次、三次，那可就說不過去了。

當馬文走進辦公室時，同事們驚訝地發現他的兩隻耳朵纏滿了繃帶，於是大家紛紛圍上來詢問他發生了什麼事。

「昨晚我在看球賽轉播時，我太太正好在旁邊燙衣服，」馬文說，「就在她離開的時候，那支該死的電話響了，我一邊看比賽，不小心把通著電的熨斗當成話筒，結果……」

「可是，另一隻耳朵又是怎麼一回事呢？」一個女同事好奇地問。

馬文恨恨地說：「啊，這個啊……你們絕對想不到，我剛掛掉電話，那個該死的傢伙竟然又打來了！」

有位近代名人曾說：「犯什麼錯誤都不是錯誤，但是，犯同樣的錯誤便是嚴重的錯誤了。」

人類絕頂聰明，是萬物之靈，這是無庸置疑的，不過，有的時候人又表現得比狗還笨，常同一個錯誤，而且一錯再錯。

要是今天在某個地方摔倒，錯信了某人，我們是不是能夠認真地告訴自己「下次再也不要這樣了」？

若是讓自己再一次陷入相同的錯誤，實在是很糟糕的事。

不過，回過頭來想想，其實我們同樣也有這樣的「死穴」，讓自己一陷再陷，就是無法克服的缺點！

上班上課老是遲到、作業或報告總是遲交，老是會被某一句話刺激到、老是被同一類型的人一騙再騙……等。

生活裡似乎有太多這樣的事情了，但是捫心自問，我們究竟有沒有勇氣與決心改變它呢？

拍馬屁也要懂得訣竅

奉承有其成效，但是記得要適量，神來一筆才有妙處。常常滿口甜言蜜語不但容易遭人看破招數，也收不到應有的效果。

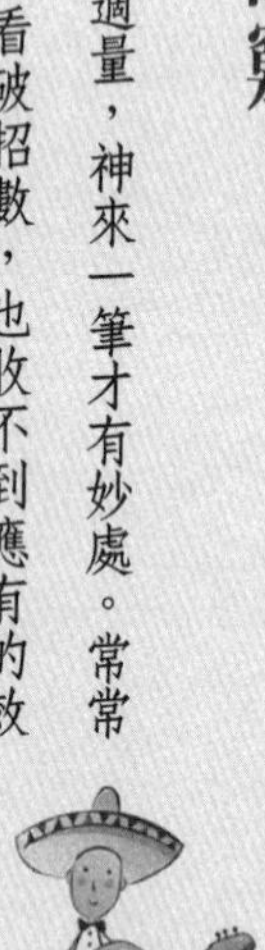

法國文豪巴爾札克說過：「在世界上所有的手法裡面，奉承是最巧妙、最狡猾的一種。」

做了壞事被抓包，想免於責難，死不承認、否認到底就對了！

不過記得，這時你的反應得要夠快，最好還可以趁機捧一下對方，這樣一來才能確保自己順利過關！

某天上國文課的時候，國文老師發現張三在打瞌睡，於是十分生氣叫醒他，並問他：「上課爲什麼睡覺？」

沒想到，張三卻說：「老師你誤會了，我不是在睡覺。」

老師便問他：「那你幹嘛閉上眼睛？」

「老師，我剛剛是在默唸課文。」

老師還是不信，於是又問：「那你幹嘛直點頭？」

張三：「老師，這是因爲你講課講得很好。」

老師還是不相信，再問他：「那你幹嘛直流口水？」

張三：「老師你不知道嗎？你的課講得很有味道呀！」

所謂「千穿萬穿，馬屁不穿」，如果可以在適當的時候送上一頂頂的高帽，很少會有人不吃這一套的。至少大部份人愛面子，在受你幾頂高帽的同時，比較不會嚴詞指責你的不是。

不過，這麼做當然要懂得看對象了。這種方式對於大部分人來說或許行得通，但有的人卻反而討厭這些不切實際的奉承。

有個重要的技巧千萬別忘了，要是有些話連自己聽了都想吐，那麼還是少說爲妙吧！

近代知名的文學家巴金就曾說：「好聽的話越講越多，一旦過了頭就不可收拾；一旦成了習慣，就上了癮，不說空話，反而日子難過。」

奉承有一定的成效，但是記得要適量，神來一筆才有妙處。常常滿口甜言蜜語不但容易遭人看破招數，也收不到應有的效果。最重要的是，自己的「格調」說不定還會因此有所損傷呢！

不用手段，就是最高明的手段

不論大小，任何手段都是需要花時間來策劃和執行的。與其花時間耍手段，為什麼不把時間省下來，實實在在地完成自己的目標呢？

有許多人爲了達成自己的目標，費盡心機地用各種手段，想把別人踩在腳下，但是結果卻仍然事與願違，有時候還反而讓自己吃更多虧。

其實，最高明的手段，就是不用任何手段。與其絞盡腦汁玩弄小聰明，不如靠自己的力量，光明正大地和別人競爭，就算最後沒有達成目標，至少還能贏得別人的尊重。

曼哈頓街頭有一個瞎眼的乞丐，每天早上都會帶著一個小女孩，站在街角向過往的行人乞討。

有一位老婦人每天都會經過這條街，也總是會在乞丐的破碗中丟下幾個銅板。時間一長，老婦人和這對乞丐也慢慢地熟悉了起來。

有一天，老婦人突然停下來和小女孩聊天，老婦人問女孩說：「小姑娘，旁邊這位是妳的父親嗎？」

小女孩回答老婦人說：「是的，他是我的父親。」

老婦人帶著憐憫的眼光，看著這個小女孩，又看看瞎眼的乞丐：「眞是可憐，妳父親看不見嗎？」

小女孩回答：「是的，夫人，我的父親是個瞎子。」

老婦人嘆了一口氣，說道：「唉，命運眞是會捉弄人，妳父親的眼睛是什麼時候瞎的？」

小女孩天真地回答道：「每天早上的九點鐘。」

激勵作家瑪麗·柯蕾莉曾經提醒我們：「假使你認定自己是一塊泥土，那麼你就無法避免遭到別人踐踏的命運。」

只要你不把自己看扁，那麼在人生的過程中，你就能靠著自己的能力成功，用不著玩弄心機欺騙別人，也犯不著耍弄手段博取別人同情。

不論大小，任何手段都是需要花時間來策劃和執行的。

如果直接將這些時間用在自己該做的事情上，讓事情做得更完美，那麼豈不是一樣可以達到自己的目的，而且也不會傷及自己與別人的友好關係，何樂而不爲呢？

與其花時間耍手段，爲什麼不把那些時間省下來，實實在在地完成自己的目標呢？

學會管理情緒，別讓情緒左右自己

優秀的人，不會讓情緒害了自己。

文蔚然 編著

思想大師史賓諾莎曾經寫道：**「一個人被情緒支配，行為便沒有自主權，只會讓自己被命運宰割。」**
確實，人的思緒往往受到負面情緒左右，做出讓自己後悔不已的決定。想成爲優秀的人，首先就要控制自己的情緒，不要讓情緒操控自己。面對難以解決的問題，非但不能受到仇恨、憤怒、嫉妒等情緒影響，相反的，必須學會管好這些只會敗事的負面情緒，千萬不要讓情緒害了自己。

千江月 編著

學會放下，才能 活在當下

放下負面想法，才是走出困擾的最好方法

文壇大師白先勇曾說：**「命運異於常人時，你只有去面對它，並接受它，若一味逃避、怨憤、自憐，都無法解決你的難題。」**

人生絕大多數的困惱，都來自於偏執和妄想，既不願試著放下，也不願好好活在當下，才會讓自己的生活滿是迷茫、愁苦與怨悔。走出人生泥淖的最好方法，就是「適時轉念」。適時轉念，你的內心就不會有過多煩惱與怨懟；適時轉念，你就能放下負面想法，找到走出困惱的最好方法。

可以輸給別人，不能輸給自己：自信自在篇

作　　者　王　渡
社　　長　陳維都
藝術總監　黃聖文
編輯總監　王　凌
出 版 者　普天出版家族有限公司
新北市汐止區忠二街 6 巷 15 號
TEL / (02) 26435033 (代表號)
FAX / (02) 26486465
E-mail：asia.books@msa.hinet.net
http://www.popu.com.tw/
郵政劃撥 19091443 陳維都帳戶
總 經 銷　旭昇圖書有限公司
新北市中和區中山路二段 352 號 2F
TEL / (02) 22451480 (代表號)
FAX / (02) 22451479
E-mail：s1686688@ms31.hinet.net
法律顧問　西華律師事務所・黃憲男律師
電腦排版　巨新電腦排版有限公司
印製裝訂　久裕印刷事業有限公司
出 版 日　2020 (民 109) 年 12 月第 1 版
I S B N◉978-986-389-748-4　　條碼 9789863897484

國家圖書館出版品預行編目資料
可以輸給別人，不能輸給自己：自信自在篇／
王渡著.—第 1 版.—：新北市,普天出版
民 109.12 面； 公分. - (生活良品；22)
I S B N◉978-986-389-748-4 (平裝)

生活良品
22